Neun Briefe, drei Fotos, ein Name | Reihe: ΖΩΗ / ZOE

Die Deutsche Nationalbibliothek – CIP-Einheitsaufnahme.
Die Deutsche Nationalbibliothek verzeichnet dieses Buch in der Deutschen Nationalbibliografie;
detaillierte bibliografische Daten sind im Internet über http://dnb.d-nb.de abrufbar.

Erste Auflage 2014

www.groessenwahn-verlag.de

ISBN: 978-3-942223-72-0
eISBN: 978-3-942223-73-7

Petra Mitchell

Neun Briefe, drei Fotos, ein Name

Biographie einer deutschen Frau

IMPRESSUM

Neun Briefe, drei Fotos, ein Name

Reihe: ZOE / ΖΩΗ

Autorin

Petra Mitchell

Seitengestaltung

Größenwahn Verlag Frankfurt am Main

Schriften

Constantia und *Lucida Calligraphy*

Covergestaltung

Dorothea Behnke

Coverbild

Petra Mitchell: ›Peter und Helen‹

Fotografien

Privatarchiv Petra Mitchell

Lektorat

Regine Ries

Druck und Bindung

Print Group Sp. z. o. o. Szczecin (Stettin)

Größenwahn Verlag Frankfurt am Main

März 2014

ISBN: 978-3-942223-72-0

eISBN: 978-3-942223-73-7

INHALT

Liebe Besatzungskinder,
das Bedürfnis dieses Buch zu schreiben entsprang dem innigsten Wunsch, mein Leben in dem Irrgarten aus Diskriminierung, Ablehnung, Demütigung mit Euch, den Abertausenden vom gleichen Schicksal Betroffenen, zu teilen. Ganz besonders soll es Euch ermutigen, die Suche niemals aufzugeben, selbst wenn es noch so hoffnungslos erscheint.

VORWORT
DAS VERMÄCHTNIS DER ALLIIERTEN

Nach dem Zweiten Weltkrieg wuchs eine ganze Generation unter dem Begriff ›Besatzungskinder‹ heran. Bis 1955 wurden ca. 60 - 100.000 Kinder geboren, deren amerikanische Väter zum größten Teil unbekannt blieben. Diese Kinder wurden zu Opfern rassistischer Angriffe, meist verbaler Art aber auch oft durch physische Aggression. Sie waren die hinterlassenen Zeugen der amerikanischen Besatzungstruppen, Abschaum in den Augen der Gesellschaft. Man schimpfte sie Bastarde oder Ami-Kinder. Auch ihre Mütter wurden als Huren oder Ami-Weiber bezeichnet und genauso hässlichen Diskriminierungen ausgesetzt. Aus Verzweiflung oder Unfähigkeit mit diesem Stigma umzugehen, ließ sich manche junge Mutter dazu verleiten, ihr Kind an eine amerikanische Familie zur Adoption freizugeben. Sie würde es nie wieder sehen.

Den Kindern, die bei ihren Müttern in Deutschland aufwuchsen, blieben als Erinnerung an ihre Väter nur einige Fotos oder Briefe. Die Suche nach ihnen war meistens erfolglos, da weder vom deutschen Staat noch von amerikanischer Seite Unterstützung zu erwarten war. Die Frage nach dem »Wer bin ich« ist für viele der Betroffenen Zeit ihres Lebens ein Thema. Bei einem großen Teil der ›Besatzungskinder‹ sind die negativen Erfahrungen, welche sie in den Jahren ihrer Kindheit und selbst danach erfahren mussten, ein immer wiederkehrender Alptraum. Sie leben mit der Angst der gesellschaftlichen Ächtung, oft umgeben von Verheimlichungen und Lügen aus dem familiären Umfeld, in dem sie aufgewachsen sind. Auch die Zeit arbeitet gegen sie, denn viele ›Besatzungskinder‹ befinden sich bereits in einem Alter, welches ihnen wenig Hoffnung lässt, jemals ihre ebenfalls betagten Väter ausfindig zu machen. Sie wären schon glücklich, wenn ihre verzweifelte, Jahrzehnte lange Suche, wenigstens zu einem Kontakt mit ihren amerikanischen Verwandten führen würde, um die Sehnsucht nach ihrer Identität zu stillen. Die USA sind schließlich ihr Vaterland und sie wünschen sich nur eines - Heimkommen.

REISEZIEL

Der Druck in meinen Ohren stieg an. Ein Zeichen, dass die Maschine zum Sinkflug überging. Ich starrte durch die zerkratzte Fensterscheibe hinunter auf die langsam vorbeiziehende Landschaft, auf die Häuserreihen, die Fahrzeuge, die sich wie im Schneckentempo durch die Straßen wanden, rauchende Fabrikschornsteine, Eisenbahnschienen, einen Fluss, die silbernen Tanks einer Ölraffinerie. Das dumpfe Geräusch beim Ausfahren des Fahrgestells erinnerte mich daran, dass ich mein Reiseziel in wenigen Minuten erreichen würde. Schon kam die Aufforderung: »Bitte richten Sie Ihren Sitz in eine aufrechte Position und legen Sie den Sicherheitsgurt an – wir werden in wenigen Minuten landen!« Warum war ich eigentlich so ruhig? Ich hörte in mich hinein ... kein aufgeregter Herzschlag, keine Gänsehaut ... Angst? Nein! Nur die sichere Erkenntnis, dass eine lange Reise, deren Anfang 56 Jahre zurück lag, ihr Ende gefunden hatte.

Helene war 14 Jahre alt, als der Zweite Weltkrieg begann. Sie musste sich den Gesetzen der nationalsozialistischen Zeit beugen und dem Bund Deutscher Mädel, BDM, beitreten. Nach intensiver Ideologisierung meldete sie sich zum Landdienst und wurde auf ein großes Gut nach Lodz, im heutigen Polen, geschickt, wo sie in der Molkerei als Laborantin ausgebildet wurde. Mit viel Glück und durch Zufall befand sie sich gerade auf Urlaub in ihrer Heimatstadt Schwabach als 1945 der Krieg endete.

Die Amerikaner hatten als Besatzungsmacht jetzt das Sagen. Für die Bevölkerung gab es kaum Arbeit, denn die ganze Infrastruktur war zerstört. Deshalb konnte sich Helene glücklich schätzen, dass sie eine Beschäftigung als Bedienung im Unteroffiziersclub der amerikanischen Kaserne fand.

Ihre Mutter Anna war eine starke Frau – die Zeiten waren schwer, man hatte gerade die Währungsreform überlebt, das Ersparte war wertlos geworden und mit dem wenigen Geld das noch geblieben war, konnte man nichts kaufen. Sie war jeden Tag mit ihrem Holzleiterwagen unterwegs, ging von Haus zu Haus und versuchte, die notwendigsten Dinge des Lebens zu verkaufen. Das Sortiment enthielt Waren wie Waschpulver, *Ribot's Kernseife*, Kurzwaren, Wurzelbürsten, Putzlappen, Zichorienkaffee, auch Muckefuck genannt, und vieles andere mehr. Oft blieb es bei einem Plausch ohne Verkaufserfolg und so manches Mal ergab sich einfach nur ein kleines Tauschgeschäft.

Ihr Vater Johann, ein hochgewachsener Mann mit schütterem Haar und Adolf-Bärtchen, war von Beruf Bierbrauer. Er lieferte jeden Tag mit dem Pferdegespann die schweren Fässer und Bierkästen bei den Wirtshäusern an. Johann war leider nicht gesund, denn er hatte im Ersten Weltkrieg gekämpft und laborierte an einem Lungensteckschuss. Er war fest entschlossen, die Arbeit in der Brauerei so lange wie möglich zu behalten, denn die Kontakte zu den Wirten waren Gold wert. Oft brachte er Bauernbrot oder etwas Wurst mit oder gar Milch und Eier. Bestimmt hatte er sich beim Abzählen der Bierkästen ab und zu mal vertan, denn es gab immer Bier im Keller!

Helene arbeitete gerne für die Amerikaner. Sie und ihre Kolleginnen betrachteten jeden Tag als ein neues Abenteuer. Sie hatten den Krieg heil überstanden, es gab keine großen Zukunftsperspektiven, man nahm das Leben von einem Tag zum anderen. Die Arbeit bei den Amerikanern bot außerdem gute Gelegenheit etwas zu organisieren. Man war ja schließlich darauf angewiesen, da es nichts zu kaufen gab. Deutschland lag noch in Schutt und Asche – es fehlte an allem. Zu den wertvollen Köstlichkeiten gehörte zum Beispiel der Kaffeesatz aus den großen Boilern in der Küche, nicht zu sprechen von Grundnahrungsmitteln, die sukzessive in den Taschen der Bediensteten verschwanden. Sowohl die weißen Tischdecken als auch die buntgemusterten Gardinen des Offizierscasinos fanden sich dann gelegentlich als Kleidungsstücke an den Damen wieder. Helene trug stolz den schönen olivgrünen Wollmantel, der einmal eine Armydecke gewesen war. Es herrschte ein regelrechter Tauschhandel mit Lebensmitteln, aber auch amerikanischen Zigaretten, Whiskey, und überhaupt allem, was amerikanisch oder verwertbar war. Und brauchen konnte man damals schließlich alles. Das Organisieren war nicht ungefährlich, denn wurde jemand dabei erwischt, bedeutete das die sofortige Entlassung oder gar Strafanzeige. Der Leidensdruck war allerdings so groß, dass man dieses Risiko einfach auf sich nahm.

Jeden Abend nach Dienstende, gegen 22 Uhr, wurden alle deutschen Arbeiter und das Servicepersonal auf der Ladefläche eines LKW eingesammelt und anschließend nach Hause gefahren. Der Fahrer hieß Peter, ein gut aussehender und immer lustiger Italo-Amerikaner. Er hatte zu einer Kampfeinheit gehört, die 1944 in der Normandie gelandet und die deutsche Wehrmacht besiegt hat, was letztendlich das Ende des Zweiten Weltkriegs einläutete. Im Frühjahr 1946, gerade 20 Jahre alt, wurde er nach Deutschland verlegt und war nach verschiedenen Stationen in der Kaserne in Schwabach gelandet.

Helene freute sich immer auf die nächtlichen Heimfahrten, denn sie mochte Peter – er war stets gut gelaunt, voller Witz und mehr als charmant. Es dauerte nicht lange und es menschelte heftig zwischen den Beiden. Einige ihrer Kolleginnen waren mit amerikanischen Soldaten liiert. Amerika – das war das Ziel. Sie hatten noch die bitteren Erfahrungen der Kriegsjahre in Erinnerung, wer konnte es ihnen verübeln, dass sie ein besseres Leben suchten. Die Familien waren zerrissen, die Väter teils noch in Russland oder Amerika in Gefangenschaft – über drei Millionen deutsche Soldaten waren im Krieg gefallen oder vermisst. Die Frauen und Mütter, psychisch und physisch ausgemergelt von den schlimmen Erfahrungen der Kriegsjahre, hatten versucht das Beste aus den Trümmern zu machen.

Helene und Peter wurden ein Paar. Vom ersten Tag an, nannte er sie liebevoll ›amerikanisch‹ Helen.

Offiziell war den Soldaten das Fraternisieren mit dem Feind verboten. Aber wen störte das schon – die Menschen hatten den Krieg überstanden und sie wollten leben. Peter haderte ständig mit dem strengen Dienstplan, der ihm wenig Zeit für Helen ließ. Eines Abends gab es eine Feier im Club. Die GIs hatten genügend Essen aus unbekannten Quellen organisiert und es flossen reichlich Whiskey und Bier, während die Club-Band für Swinging Sound sorgte. Helen und ihre Kollegen waren sich sicher, dass am Ende des Abends einiges für sie abfallen würde. Besonders scharf war man auf die Zigarettenkippen, denn die GIs hatten die Angewohnheit, diese nur halb zu rauchen, dann flogen sie auf den Boden und wurden mit den Stiefeln ausgetreten. Es blieb aber immer noch genug übrig, um später den Tabak herauszukratzen. Natürlich wurden die Whiskeyflaschen nicht ganz geleert – ein Teil wurde unter dem Tresen umgeschüttet und landete später auf dem Schwarzmarkt.

An diesem Abend fuhr ein anderer Fahrer die Angestellten nach Hause, da Peter zu intensiv gefeiert hatte. Im Laufe der Nacht, so gegen vier Uhr morgens, hörte Helen ein Klopfen an den Holzfensterläden ihres Zimmers und als sie nach dem Grund des Geräusches sah, fand sie Peter frierend im Hof stehen. Helen war hin und her gerissen – sollte sie, oder sollte sie nicht – Letztendlich gewann sein Zähneklappern, sie öffnete das Fenster und Peter kletterte in das Zimmer, in die rettende Wärme.

Bestimmt hatten sich beide den Rest der Nacht sehr romantisch vorgestellt, aber leider hatte Peter die Rechnung ohne den Wirt gemacht. Denn zwei Stunden später gab es wieder ein Klopfen, diesmal an der Haustür und Helen fand sich mit einer Militärstreife konfrontiert, die ebenfalls frierend im Hof stand und ohne Umschweife Peter aufforderte, sofort mitzukommen. Was war passiert? Peters Sehnsucht nach Helen war stärker gewesen als der Befehl seines Vorgesetzten, der ihm aufgrund seines Alkoholspiegels keinen Nachtausgang gewähren wollte. Er entwendete kurzentschlossen einen Jeep aus dem Fuhrpark und brauste los. Als das Fahrzeug vermisst wurde, flog die Geschichte auf.

Peter wurde vor dem Militärgericht wegen unerlaubten Entfernens von der Truppe und Diebstahl eines Dienstfahrzeugs zu vier Monaten Gefängnis verurteilt. Das Urteil war noch milde ausgefallen, da er in seinen Militärakten beste Beurteilungen und Auszeichnungen aufweisen konnte.

Peters Jeep
1946

Danach begannen für Helen Monate des Wartens. Es gab einen intensiven Austausch von Briefen, die wiederum nur über gute Beziehungen das Militärgefängnis in Bayreuth erreichten. Wären beide dabei erwischt worden, hätte es noch mehr Ärger gegeben.

Im August 1946 war es dann so weit. Peter wurde entlassen. Im September feierte Helen ihren 21. Geburtstag. Das Fest wurde im Garten gefeiert – viele Freunde und Kollegen kamen, sogar Helens ältere Schwester Johanna als auch ihre Eltern hatten die Scheu überwunden, sich mit einem amerikanischen Soldaten zu zeigen. Gerade für Johanna war dies nicht selbstverständlich, da sich ihr Mann vier Jahre in Colorado/USA in Kriegsgefangenschaft befunden hatte. Am späten Abend gestand Peter, dass er Befehl bekommen hatte, sofort in die USA zurückzukehren und deshalb nur noch wenige Tage mit meiner Mutter zusammen sein könnte. Es war ein trauriger Ausklang dieser Geburtstagsfeier. Am nächsten Tag kam Peter in den Club, zog Helen in eine Ecke und gab ihr ein Stück Papier mit seiner Adresse. Er hatte extra mit großen Druckbuchstaben geschrieben, damit sie alles gut lesen konnte.

»Helen«, sagte er »ich weiß nicht wie lange ich noch in der Army bleiben muss oder wo sie mich hinschicken werden, aber du sollst wissen, dass du mich unter dieser Adresse immer finden kannst.«

Am 23. September 1946 bestieg Peter in Nürnberg den Zug – ein Truppentransport nach Bremerhaven – und Helen stand am Bahnhof, tränenüberströmt und traurig.

Da ihr nichts anderes übrig blieb, reihte sie sich wieder in die tägliche Routine im Club ein und wartete auf ein Zeichen von Peter. Ihre Gedanken waren Tag und Nacht bei ihm. Schließlich, nach zwei Wochen, schrieb sie ihm einen langen Brief. Es gab ihr das Gefühl, ihm damit näher zu sein. Sie erzählte über die Arbeit, von ihren gemeinsamen Freunden, würzte etwas Tratsch mit hinein und natürlich sagte sie ihm wie sehr sie ihn liebte und vermisste – und es waren doch erst zwei Wochen vergangen.

Ihre englischen Sprachkenntnisse genügten zwar für einen einfachen Dialog, aber im Schriftlichen haperte es an der Grammatik. Deshalb nahm sie das Angebot ihrer Englischlehrerin an, diesen Brief an Peter zu übersetzen. Helen behielt eine Kopie in Form einer Blaupause und gab ihn dann Johnny, Peters bestem Freund, der das Schreiben mit seiner Feldpost auf die weite Reise nach Amerika schickte. Persönliche Briefe von Deutschen an Amerikaner waren nicht gestattet oder strenger Zensur unterlegen.

Einen Monat später wurde Helen von der Erkenntnis überrascht, dass sie war schwanger war. Sie freute sich sehr und konnte es kaum erwarten von Peter zu hören. Tagein, tagaus hoffte sie auf ein Lebenszeichen von ihm. Sobald Johnny in den Club kam, schaute sie ihn erwartungsvoll an. Doch es war immer die gleiche Geste – ein Kopfschütteln. Sie legte sich allerhand Gründe zurecht, warum keine Antwort auf ihren ersten Brief kam. Schließlich wollte sie nicht mehr länger warten und schrieb einen zweiten. Sie sagte Peter, dass er Vater werden würde, voraussichtlich im Juni 1947 und wie sehr sie auf ein Lebenszeichen von ihm warte.

Ankunft

Das Thermometer zeigte über 30 Grad – ein heißer Sommertag im Juni 1947. Im Hinterhof eines Hauses in fränkischem Baustil war meine Mutter damit beschäftigt Wäsche aufzuhängen, als ich mich ankündigte. Meine Großmutter, die gerade ein Betttuch auf dem Waschbrett hin und her walkte, kam ihr schnell zu Hilfe. Mein Großvater holte sein Fahrrad, welches wie durch ein Wunder den Krieg überlebt hatte, aus dem Bretterschuppen und trat in die Pedale. Sein Weg führte ihn zu Friedhofswärter Hiller, der als einziger in der Gegend über ein Telefon verfügte. Wenig später kam das herbeigerufene Taxi, ein schwarzer Mercedes mit dem typischen Dieselgetuckere, den holprigen Weg heruntergefahren und Mama war mit mir unterwegs zum Krankenhaus.

»Ach Gott na … a Madla! A nu!« entfuhr es meinem Großvater im breitesten fränkischen Dialekt. Er meinte mich – stramme 51 cm in Länge, 3500 g auf der Waage. In meiner Geburtsurkunde stand:

Geburtsdatum: 4. Juni 1947

Name des Kindes: Petra Anna

Name der Mutter: Helene Weigand, Beruf: Laborantin

Name des Vaters: Peter Fontano (U.S. Soldat – Aufenthalt unbekannt)

Vom ersten Tag an war ich ein Problem. Ich war nämlich illegitim – so nannte man das – das Kind eines amerikanischen Besatzungssoldaten. In den Augen der Leute ein Bastard des Feindes.

Meine Mutter Helene zählte fast 22 Lenze als ich mich ankündigte. Von meinem Vater, Peter, gab es leider kein Lebenszeichen.

AUFFALLEN

Petras
Lucky Strike-Buggy

Mein erstes Bett war ein Weidenkorb. Mein Großvater hatte aus der Brauerei Bretter von Bierfässern mitgebracht und eine ansehnliche Schaukel gezaubert, auf der der Babykorb montiert war. Bald darauf gesellte sich ein Kinderwagen dazu, der mit *Lucky Strike*-Zigaretten bezahlt wurde. Der Club-Manager hatte sie spendiert und obwohl mein Großvater eine Heidenangst hatte damit erwischt zu werden, riskierte er doch einen Besuch auf dem Schwarzmarkt. Schnell hatten die Zigaretten einen Abnehmer gefunden und ich kam in den Genuss einer täglichen Spazierfahrt.

Wochentags spielte sich alles in der Küche ab. Dort stand ein großer eiserner Herd auf kunstvoll geschwungenen, gusseisernen Beinen. Er wurde mit Holz oder Briketts beheizt. An der Vorderseite hatte er eine große Klappe, die die Bratröhre verschloss, unmittelbar daneben konnte man ein Türchen öffnen und die Holzscheite oder Briketts hineinschieben. Oben auf der Herdplatte befanden sich runde Öffnungen, die mit Ringen zugedeckt waren. Wenn man die Ringe herausnahm, konnte man das Feuer von oben sehen. Je nachdem welche Topfgröße gerade benutzt wurde wurden die Ringe dann herausgenommen und der Topf daraufgesetzt. Auf der linken Seite war ein Wasserfass eingelassen, so dass ständig heißes Wasser vorhanden war. Ein dickes Ofenrohr, welches einmal im Jahr mit Bronzefarbe gestrichen wurde, mündete in den Schornstein.

Im Küchentisch befand sich unter der Platte eine Ausziehvorrichtung, die zwei Emailleschüsseln zum Vorschein brachte. Hier wurde nach dem Essen der Abwasch erledigt. Das Wasser mussten wir vom Brunnen im Hof holen. Da es keinen Kühlschrank gab, wurden die Lebensmittel in einem Speiseschrank aufbewahrt, der zur Hauswand hin offen und mit einem Fliegengitter versehen war. Vorräte gab es sowieso kaum, da fast alles täglich nach Verfügbarkeit beschafft werden mussten Die Lebensmittel waren rationiert, so wurden einer vierköpfigen Familie wöchentlich Essensmarken für z.B. 250 Gramm Butter und 500 Gramm Rindfleisch zugeteilt.

Ich war gerade ein Jahr alt und bereits kräftig auf den Beinen, als ich das erste Mal unangenehm auffiel. Es war Sonntag, der Tag an dem im Wohnzimmer am großen Tisch gegessen wurde. An diesem Sonntag hatte Großmutter Rindfleischsuppe mit Nudeln auf dem Speiseplan. Den Nudelteig hatte sie tags zuvor bereits zubereitet und über Nacht wie auf der Wäscheleine zum Trocknen aufgehängt. Jetzt wurde er nur noch mit einem Metallrädchen in feine Streifen geschnitten. Während Großmutter mit den Nudeln beschäftigt war, entschloss ich mich, meinen Teil zum sonntäglichen Ritual beizutragen und schaffte es, die Tür zum Speiseschrank zu öffnen. Mein Hund Putzi fand dies ebenfalls aufregend, waren es doch ganz spannende Gerüche, die ihn in den siebten Hundehimmel hoben. Ich muss mich dann entschlossen haben, das bisschen Fleisch Putzi anzubieten und somit gab es an diesem Sonntag ›blinde‹, also fleischlose Suppe. Zu allem Unglück stellte Mama ein paar Tage später fest, dass ich wahrscheinlich das rohe Fleisch fair zwischen Putzi und mir geteilt hatte, da unser Hausarzt eine Mundfäule diagnostizierte.

Mein Großvater hatte die Geduld eines Engels. Nichts war vor mir sicher, aber egal was ich anstellte, Opa brachte es in Ordnung. Schon sehr früh machte er meine Mutter darauf aufmerksam, dass ich wohl besser ein Junge geworden wäre. Er tat auch das Seine dazu, denn jeden Sonntagvormittag setzte er mich in meinen *Lucky Strike*-Kinderwagen, der inzwischen zum Sportsitzer umfunktioniert worden war, und wir gingen zusammen zum Fußballplatz.

Als ich vier Jahre alt war und kräftig mit Großvaters langen Schritten mithalten konnte, erlebte ich sehr spannende Spaziergänge, denn der Weg zum Sportplatz führte uns unmittelbar an der amerikanischen Kaserne vorbei. Opa wettete mit mir, dass er mehr Zigarettenstummel finden würde als ich. Das regte natürlich meinen Ehrgeiz an. Ich rannte an dem mit Stacheldraht gekrönten Zaun entlang und sammelte eifrig jeden Stummel auf. Die Wachposten, die am Zaun entlang patrouillierten, flippten ihre Zigaretten durch den Maschendraht auf den Schotterweg. Komisch, Großvater fand nie welche und ich freute mich immer über meine Beute.

Am Nachmittag beobachtete ich, wie er genüsslich den Tabak in eine kleine Blechdose kratzte, neue Zigarettenpapierchen herausholte und mit geschickten Fingern eine Zigarette nach der anderen drehte. Das Dumme war nur – ich konnte mich von diesem Hobby nicht mehr trennen – es sollte viele Jahre dauern, bis ich mich beherrschen konnte, keine Zigarettenkippen mehr vom Straßenrand aufzuheben.

Mein Lieblingsspiel war ›Kutscher auf dem Wagen‹. Dazu befestigte ich an den kunstvoll gedrechselten Esszimmerstühlen an beiden Seiten ein Seil als Zügel, hievte ein Kissen auf den Tisch, der als Kutschbock diente und mit den Füßen auf das Sitzpolster gestemmt, trieb ich mit einem lauten »Hüh« meine Pferde an. Wenn die Pferde aber nicht so richtig laufen wollten, trieb ich sie noch lauter an, ließ die Zügel klatschen und hüpfte auf dem Kutschbock auf und ab.

Mein Großvater war zu dieser Zeit schon sehr krank, denn seine Kriegsverletzung schwächte ihn mehr und mehr. Seine Warnungen, meine Lautstärke zu mindern, waren wohl in meinem Geschwindigkeitsrausch untergegangen, denn erst als er von seinem Krankenbett aufsprang wurde mir bewusst, dass Ärger im Anmarsch war. Ich ließ die Zügel los, hüpfte von meinem Kutschbock, der Stuhl krachte auf die Holzdielen und ich rannte in Panik aus dem Haus. So hatte ich meinen Großvater noch nie erlebt. Deshalb brachte ich auch noch einen gewissen Sicherheitsabstand zwischen uns, so dass ich im Kartoffelacker landete.

Ich hetzte über die Kartoffelpflanzen, von einer Furche zur anderen, bis ich plötzlich ein komisches Gefühl an den Füßen verspürte. Angst packte mich, als ich feststellte, dass nur noch ein Fuß beschuht war. Meine neuen Sandalen, die meine Mutter mühevoll erstanden hatte, waren nur noch ein halbes Paar. Sie rief mir zu, ich solle sofort aus dem Kartoffelacker herauskommen, aber ich stand da wie angewurzelt. Schließlich setzte sie mir nach und es gab kein Entrinnen mehr. Zum Glück tauchte die andere Sandale nach intensivem Suchen wieder auf, so dass ich sie noch lange tragen konnte, denn im nächsten Jahr wurde das Flechtwerk an der Schuhspitze einfach abgeschnitten, was meine Zehen nach vorne rutschten ließ, und somit waren die Schuhe noch einen Sommer lang gut.

Irgendwann fiel mir auf, dass bei uns etwas anders war als bei anderen Familien. Zum einen wunderte ich mich oft darüber, dass mich Leute sehr intensiv betrachteten oder im Metzgerladen getuschelt wurde, wenn mich meine Mutter zum Einkaufen schickte. Im Sommer gab es immer etliche Feste und als beim Feuerwehrfest Sackhüpfen auf dem Programm stand, da war ich etwas ratlos, denn plötzlich wurde mir bewusst, dass ich keinen Vater hatte, der mit mir Sackhüpfen konnte. Ich beschloss, der Sache auf den Grund zu gehen. Als meine Mutter am Abend an mein Bett kam, um mir gute Nacht zu sagen und mir meine Lieblingsgeschichte ›Die Häschenschule‹ vorlas, fragte ich sie einfach: »Warum habe ich keinen Vater, der mit mir Sackhüpfen kann?« Mama argumentierte ich hätte doch meinen Großvater, aber ich war mit dieser Antwort nicht zufrieden, denn ich hatte festgestellt, dass Väter jünger waren als Opas und mein Großvater an dem Tag nicht einmal zum Feuerwehrfest hatte kommen können, weil es ihm sehr schlecht ging. Bestimmt, meinte sie, würde ich eines Tages, genau wie alle anderen Kinder, auch einen Papa haben. Wohl um weitere Fragen meinerseits zu vermeiden, verabschiedete sich schnell für den Abend, um ins Kino zu gehen. Da war ich richtig erleichtert, denn ich stellte mir vor, dass sie vielleicht dort einen Papa für mich finden könnte.

Gerne hätte ich Spielkameraden gehabt, aber aus irgendwelchen Gründen wollte Mama keine Kinder aus der Nachbarschaft zu uns nachhause einladen. Sie erzählte mir von einem schönen Kindergarten, wo es viele Spielsachen und andere Kinder meines Alters gäbe. Kurz danach setzte sie ihren Vorschlag schon in die Tat um, nahm mich bei der Hand und ging mit mir zum evangelischen Kindergarten in der Stadt. Es war ein Gebäude aus großen Sandsteinquartern, mit hohen grünen Holzfensterläden und einem riesigen braunen Holztor. Das Tor war noch unterteilt – als Eingang diente eine kleinere Tür. An der Hauswand war eine kupferne Glocke angebracht. Als meine Mutter die Glocke betätigte, hatte ich bereits eine Gänsehaut. Was würde mich hinter diesen Mauern erwarten und was wenn Mama mich nicht wieder abholt – wie würde ich dann nach Hause finden? Am liebsten wäre ich weggerannt, die Spielkameraden waren plötzlich nicht mehr wichtig.

Die Tür ging auf und ich sah eine Figur in einem schwarzen Kleid, welches ihr vom Kopf bis zu den Füßen reichte. Unter der Kopfbedeckung lugte ein bleiches Gesicht mit kalten, hellblauen Augen hervor. Erschrocken begann ich zu schreien und krallte mich an meiner Mutter fest. Auf keinen Fall würde ich hier bleiben. Es gelang ihr mit Mühe, sich aus meiner Umklammerung zu lösen, das bleiche Gesicht mit den blauen Augen nahm mich an der Hand und brachte mich in einen Raum mit anderen Kindern. An diesem Tag spürte ich das erste Mal die Panik, allein gelassen zu werden. Nach zwei Stunden hatte ich den ganzen Kindergarten in Aufruhr gebracht und die Schwestern waren wohl heilfroh, als meine Mutter mich wieder abholte. Danach wurde nie wieder das Wort Kindergarten erwähnt.

Zu meinem fünften Geburtstag bekam ich ein Fahrrad geschenkt. Nach dem ersten Sturz auf einem Waldweg war ich unschlagbar. Ich radelte jeden Tag auf den kleinen Wegen in der Nachbarschaft und freute mich immer, wenn es etwas zu besorgen gab. Dann klemmte ich den Einkaufskorb auf den Gepäckständer und fuhr los.

Die Metzgerei Weidinger war nicht weit von unserem Haus entfernt. Meine Mutter hatte mir einen Einkaufszettel geschrieben und das Geld abgezählt. Ich hatte meine Einkäufe bereits im Korb und war auf dem Rückweg. Kurz vor unserem Gartentor sah ich aus dem Augenwinkel, dass ein anderer Radfahrer ansetzte mich zu überholen. Es war unsere Hauswirtin Frau Bach, vor der ich Angst hatte, weil sie mich immer sehr böse, ja verächtlich, anblickte. Ich wollte schnell in die Hofeinfahrt einbiegen, musste aber warten, bis sie an mir vorbeizog. Als sie mit mir auf gleicher Höhe war, hörte ich ein Geräusch, welches mich an Großvaters Husten erinnerte. Plötzlich spürte ich etwas Nasses in meinem Gesicht. »Ami-Weib!«, zischte sie, als sie mich überholt hatte. Ich stieg ab und tastete vorsichtig mit der Hand an die nasse Stelle. Als ich sie wegzog, war sie voll mit Schleim, der von meinen Fingern tropfte. Auch meine neue rote, von Oma selbstgestrickte Mütze, hatte etwas abgekommen. Es war so eklig

Was hatte sie gesagt? ›Ami-Weib‹ – was sollte das heißen? Ich rannte nach Hause und erzählte meiner Mutter, was passiert war. Sie war so wütend, wie ich sie noch nie vorher gesehen hatte. Sie holte ihr Fahrrad aus dem Schuppen und fuhr Frau Bach hinterher.

Diese war inzwischen schon auf ihrem Bauernhof angekommen, wo sich dann ein lautstarker Streit zwischen ihr und meiner Mutter abspielte. Man konnte die Stimmen aus einer Entfernung von 200 Metern bis zu unserem Haus hören. Als meine Mutter zurückkam weinte sie. Kurze Zeit später kam Frau Bach mit ihrer Schwester vor unser Haus, wo der verbale Schlagabtausch weiter ging. Ich hörte zum ersten Mal das Wort ›Hure‹ und wieder den Ausdruck ›Ami-Weib‹. Es musste etwas Schlimmes sein, aber ich hatte viel zu viel Angst zu fragen, was das alles bedeutete. Ich verschob es auf später, wenn sich alles wieder beruhigt hatte.

Noch am Abend, als ich schon in meinem Bett lag, hörte ich Großmutter und Großvater mit Mama diskutieren. Sie versuchten zwar leise zu sprechen, aber meine Kinderohren konnten doch ein paar Wortfetzen auffangen: »Unschuldiges Kind – aus dem Staub gemacht – Hoffnung aufgegeben – braucht einen Vater.« Ich versuchte das alles einzuordnen und kam dann zu dem Schluss, dass ich wohl das Problem sein musste. Plötzlich fühlte ich mich total schlecht, meine Gedanken rasten - Mama war traurig wegen mir. Irgendwas war mit mir, aber was? Ich war für irgendetwas Schuld – ich grub in meinem Gedächtnis, was es sein könnte. In meinem Kopf hämmerte immer noch dieses Wort ›Ami-Weib‹. Es musste etwas damit zu tun haben.

Am nächsten Tag besuchten wir Mamas beste Freundin Erika. Von unserem Haus ging ein schmaler Feldweg durch das Tal. Ich ging gerne auf diesem Weg, der im Sommer gesäumt war von Kornfeldern, Kartoffeläckern und blühenden Wiesen. Es gab immer etwas Aufregendes zu entdecken. Dort zirpten Grillen, die sich in den Gräben angesiedelt hatten, Feldmäuse huschten über die Wiesen, lustige Vogelscheuchen standen in regelmäßigen Abständen in den Feldern. Ich malte mir aus, dass es sich um Geister handelte – die Strohpuppen mit den Schlapphüten. Etwas weiter unten im Tal floss ein kleiner Bach, der ein reiches Unterhaltungsprogramm bot, denn es gab darin Wasserflöhe, Kaulquappen und kleine Fische. Mein Lieblingsspiel war es, mit den Nachbarschaftskindern leere *Erdal*-Schuhcreme-Dosen um die Wette schwimmen zu lassen. Mit großer Spannung warteten wir dann am anderen Ende des Rohres, welches den Bach unter dem Feldweg hindurchführte, um zu sehen, wessen Dose als erste zum Vorschein kam, wer also gewonnen hatte.

Um zu dem Haus von Erika zu gelangen, gab es ein Hindernis, das diesen Weg unmittelbar am Bauernhof von Frau Bach vorbei führte. Warum mir das Kopfzerbrechen bereitete – darauf komme ich noch zu sprechen. Der Besuch bei Mamas Freundin war ein ganz wichtiger Meilenstein in meinem Kinderleben. An diesem Tag lernte ich Alex kennen! Alex war Erikas Sohn und im gleichen Alter wie ich. Wie er so vor mir stand – einen Kopf kleiner, von drahtiger Statur und mit lustigen blauen Augen, seine Beine mit abgeschürften Knien in einer speckigen Lederhose – mochte ich ihn sofort.

Alex und seine Mutter wohnten bei den Großeltern, die eine kleine Landwirtschaft betrieben. Es gab eine ganze Reihe von Tieren und einen Hofhund, der angekettet war, ständig bellte und hektisch hin und her rannte, so dass er sich fast am Halsband strangulierte. In der Mitte des Hofes stand ein riesiger Lindenbaum, um dessen Stamm herum sich eine Holzbank schlang, so dass man im Sommer im Schatten der Linde sitzen konnte. Die Lindenblüten wurden gepflückt, getrocknet und gaben später einen guten Tee. An einem starken Ast waren eine Schaukel und ein Kletterseil befestigt. Es gab auch eine Scheune, sie war unser Lieblingsspielplatz. Wir sprangen gerne auf den großen Heuballen herum oder kletterten auf den alten Traktor, der nach Schmieröl roch. Die Heuballen eigneten sich bestens zum Bau einer Burg, die wir dann heftig gegen unsichtbare Feinde verteidigten. Nachher waren wir lange damit beschäftigt, die abgebrochenen Halme aus unserer Kleidung zu ziehen, denn sie piekste ganz schrecklich.

Familienidylle
Petra, Opa, Mama,
Tante Johanna, Oma, Onkel Karl

Alex' Großmutter, Frau Meier, trug eine akkurat gebügelte Kleiderschürze, ihr schlohweißes Haar war am Hinterkopf zu einem Knoten zusammengebunden, die Füße steckten in Holzpantoffeln, ihre Hände waren faltig und rissig. Frau Meier war immer beschäftigt, was auch uns zugute kam, denn der Vorratsraum war vollgepackt mit selbstgemachten Marmeladen, Säften, eingekochten Früchten und Gemüse. Ganz besonders lecker war ihr Sauerteigbrot, welches im Holzofen im Hof gebacken wurde. Am liebsten aß ich Brot mit Schweineschmalz und Salz.

Großvater Meier war ein Mann von wuchtiger Statur – das Gesicht war geprägt durch eine riesige Adlernase. Er hatte stechend blaue Augen, die einen ständig taxierten, und eine dröhnende Stimme, die mir Furcht einflößte. Er ging mit riesigen Schritten, in den Schultern etwas vorgebeugt, als würde er gleich zum Angriff übergehen. Bei ihm hatte ich immer das Gefühl, dass er mich nicht mochte.

Herr Meiers einziger Sohn – es gab noch vier Töchter – war in den letzten Tagen des Krieges gefallen, was er nie verwunden hatte. Ein riesiges Portrait, versehen mit einem schwarzen Trauerband, hing im Wohnzimmer an der Wand. Es zeigte einen jungen Leutnant der Waffen-SS – entsprechend war auch Herrn Meiers Gesinnung.

Ich stellte eine wichtige Gemeinsamkeit zwischen Alex und mir fest, nämlich die, dass auch er keinen Vater vorweisen konnte. Einige Jahre später erzählte er mir, dass sein Vater ein polnischer Landarbeiter gewesen war, der nach dem Krieg auf dem Bauernhof seiner Großeltern blieb. Als dieser Mann Alex' Mutter schwängerte, hatte ihn sein Großvater mit der Doppelschrotflinte vom Hof gejagt. Alex' Erzeuger war nie wieder aufgetaucht.

ERSATZ

Im Mai 1953, es war am Muttertag, packten wir einen Picknick-Korb und radelten in die Rednitz-Auen. Ich thronte hinten auf dem Gepäckständer, während Mama kräftig in die Pedale trat. Gemütlich saßen wir im Gras auf unserer Wolldecke, als ein Mann vorbeikam und ein freundliches Gespräch mit Mama anfing. Nachdem sich der Austausch von Belanglosigkeiten etwas hinzuziehen schien, setzte er sich zu uns auf die Decke. Mama schien der Besucher sympathisch zu sein, denn sie lächelte und war anscheinend an seinen Erzählungen interessiert. Als kurz danach mein Freund Alex eintraf, war der Besucher schnell vergessen, denn wir hatten viel wichtigere Dinge zu tun, wie Frösche fangen oder Sandburgen bauen.

In den nächsten Wochen – ich spürte es – hatte sich etwas verändert. Meine Mutter ging öfters abends weg und ließ mich in der Obhut meiner Großeltern.

Dann kam der Sonntag, an dem ich Großmutter in ihrer besten Schürze am Herd stehen sah, Mama hatte eine neue Frisur und Großvater kam sogar eine halbe Stunde vor der gewohnten Zeit vom Frühschoppen. Es gab Schweinebraten und Klöße – keiner kochte bessere Klöße als Großmutter. Mama trug mir auf, das gute Besteck aus dem samtgepolsterten Köfferchen zu holen, während sie damit beschäftigt war, unser Sonntagsporzellan aufzulegen. Auch die Kristallgläser mussten aus der Vitrine geholt und gespült werden. Punkt 12 Uhr mittags erschien zu meinem Erstaunen Wilhelm, der Mann den Mama am Muttertag kennengelernt hatte, mit einem Blumenstrauß in der Hand. Ich überlegte kurz, ob vielleicht jemand Geburtstag hatte – aus welchem anderen Grund würde Wilhelm Blumen mitbringen. Aber ich verwarf den Gedanken schnell - weder Mama noch Großmutter hatten Geburtstag. Ich würde es schon noch herausbekommen. Nach jenem Sonntag kam Wilhelm auch an allen folgenden zum Essen.

Ich hoffte, dass Wilhelm viel netter sein würde, als dieser ›Fatzke‹ Robert, der einmal zu Besuch kam. Anscheinend hatte dieser keine Ahnung von meiner Existenz gehabt, denn sowie Mama mich ins Zimmer schob und mich vorstellte, stand er stocksteif, wie erfroren auf der Stelle und starrte mich an. Vielleicht mochte er auch keine Kinder. Da er am frühen Vormittag bei uns aufgetaucht war und Mama anscheinend nicht wusste, was sie mit ihm bis zum Mittagessen anstellen sollte, schlug sie vor, dass ich mit ihm einen Spaziergang durch die Stadt machen könnte. Ich führte ihn schnurstracks in Strattners Spielwarenladen, was mir als attraktivster Ort in der Stadt einfiel. Dann beging Robert einen Fehler – er meinte gönnerhaft, wohl um meiner Mutter zu imponieren, ich könnte mir ein Spielzeug aussuchen und schob mich in die Puppenecke. Da hatte er sich aber gründlich getäuscht, denn ich schob ihn Richtung Schaufenster, wo ich von der Auslage das größte und schönste Auto herausfischte. Ein knallroter Mercedes – Kabelsteuerung hatte er auch noch. Da man auf einem Bein nicht stehen konnte, gönnte ich mir zusätzlich das neueste Mickey-Maus-Heft. Robert haben wir danach nie wieder zu Gesicht bekommen!

Mein Großvater war inzwischen so schwach, dass er nicht mehr ohne Hilfe das Bett verlassen konnte. Täglich kam Doktor Käfer, um nach ihm zu sehen. Ich betete inständig, dass seine Medizin Großvater wieder auf die Beine stellen würde. Aber leider wurde ich dann das erste Mal in meinem jungen Leben mit dem Tod eines geliebten Menschen konfrontiert.

Großvater war während der Nacht friedlich eingeschlafen. Meine Mutter versuchte mir verständlich zu machen, dass er gestorben sei und seine Seele jetzt im Himmel wäre. Ich starrte auf das wächserne Gesicht und versuchte mir vorzustellen, wie seine Seele wohl aussehen möge. Eine Stubenfliege eilte hektisch über seine linke Gesichtshälfte. Warum wischte er sie nicht einfach mit der Hand weg, fragte ich mich. Aber die gefalteten Hände rührten sich nicht.

Am Tag der Beerdigung – Verwandte und Nachbarn hatten sich auch eingefunden – stand ich zwischen meiner Mutter und meiner Großmutter am Sarg, der langsam in das Loch gesenkt wurde. Plötzlich wurde mir bewusst, dass mein Großvater darin lag. Jemand drückte mir eine spitze Schaufel mit einem langen Stiel in die Hand und half mir, die Erde darauf zu schieben. Mit einem dumpfen Laut schlug das Häufchen Erde auf dem Holz auf. Panik ergriff mich, denn ich stellte mir vor, dass Großvater nie wieder nach oben gelangen konnte, mit so viel schwerer Erde auf dem Sarg.

Diese Erfahrung zeigte mir, dass es Dinge gab, die unwiederbringlich waren.

Im Juni 1953 wurde ich sechs. Wilhelm war inzwischen ein Teil der Familie geworden. Zum Wochenende kam er stets auf seinem silberfarbenen Fahrrad angeradelt. Auf dem Gepäckträger war ein alter Wehrmachts-Tornister geschnallt – darin befanden sich leckere Sachen, die er von den Bauern aus seinem Dorf besorgt hatte.

Immer öfter wurde mir gesagt: »Bald beginnt der Ernst des Lebens«, denn im September würde ich ABC-Schütze sein.

Im Laufe des Sommers nahm mich meine Mutter eines Tages zur Seite und fragte mich, ob ich es nicht gut fände, wenn sie und Wilhelm heirateten. Ich hätte dann auch einen Vater und würde in der Schule wie die anderen Kinder sein. Das war die Gelegenheit, auf die ich gewartet hatte. Ich fragte: »Wo ist denn mein Vater?«

Mama antwortete: »Er ist weit weg und wird wohl auch nie wiederkommen.«

Ich fragte dann nach seinem Namen und wo er denn wohnte, aber meine Mutter wich mir aus und ich wagte nicht, weiter zu bohren, denn ich hatte noch bestimmte Worte in meiner Erinnerung, so dass ich befürchtete, wieder schuld zu sein, wenn sie traurig würde.

Also begnügte ich mich damit, dass ich bald einen Vater vorweisen konnte – immerhin besser als keinen. Im August 1953 heirateten Mama und Wilhelm – Großmutter war glücklich, sie war eine große Sorge los. Schade, dass Großvater das nicht mehr erleben konnte.

Ganz so einfach war diese neue Situation für mich allerdings nicht, denn ich war überhaupt nicht darauf vorbereitet, meine Mutter mit jemandem zu teilen. So bestand ich darauf, auch weiterhin im Ehebett zu schlafen – schließlich war das sechs Jahre lang mein Platz gewesen und wer war der überhaupt, der es wagte, mir meine Rechte streitig zu machen?

Wilhelm gab sich alle Mühe, mein Vertrauen zu gewinnen. Anfangs bewunderte ich nur sein 12-Gang-Fahrrad, was zu diesen Zeiten ein Luxusgerät war. Er fuhr damit jeden Tag nach Nürnberg zur Arbeit. Selbst unter Einbeziehung geheimer Abkürzungen waren das täglich 50 km. Bald lernte ich auch sein handwerkliches Geschick zu schätzen. Egal was zu Bruch ging, Wilhelm konnte es reparieren. Er renovierte unsere Wohnung, legte eine Wasserleitung, so dass meine Mutter nicht mehr mühevoll die schweren Eimer vom Brunnen in die Küche schleppen musste, sogar ein richtiges Spülklosett wurde installiert. Ich musste zwar immer noch über das Treppenhaus zur Toilette gehen, aber es war schon ein Fortschritt, dass ich nie wieder in die Jauchegrube blicken musste, was mir jedes Mal einen Kloß im Hals verursacht hatte. Großmutters akkurat quadratisch geschnittenes Klopapier aus Tageszeitungen, noch schlimmer die glänzenden Seiten aus dem *Burda*-Magazin, zählte bald auch zur Vergangenheit. Eines Tages besaßen wir sogar einen Kühlschrank.

Erst viele Jahre später erkannte ich, dass Wilhelm nicht nur handwerklich geschickt war, sondern ein richtiger Künstler, ja fast ein Genie. Geboren und aufgewachsen in einem Dorf in Unterfranken – Mutter Schneiderin, Vater Posthalter und Jäger – wurde bereits mit 14 Jahren in die Lehre geschickt. Er erlernte den Beruf des Elektrikers und bekam als Lohn eine Mark pro Woche. Mit 16 war er zur Hitlerjugend verpflichtet worden und hatte die Kriegsjahre mit viel Glück gut überstanden.

Egal was er anfasste, es wurde zu einem Kunstwerk. Er schmiedete kunstvolle Eisengebilde, bearbeitete Holz, malte wunderbare Ölbilder und Aquarelle und las alles an Büchern, was ihm in die Hände fiel. Er hatte für mich jederzeit eine Antwort, ob es sich um die Lösung einer Rechenaufgabe handelte, oder ob er über die griechische Antike referierte. Wilhelms Wissen und Können war unerschöpflich.

Im September kam ich mit einem neuen Namen in die Schule, denn Wilhelm hatte mir offiziell beim Jugendamt durch Erklärung seinen Nachnamen erteilt. Im Laufe der Zeit hatte ich mich sogar dazu durchgerungen, ihn mit Papa anzusprechen.

Am ersten Schultag ging ich stolz, neu eingekleidet, mit meinem roten Ranzen und der riesigen bunten Schultüte an Mamas Seite zur Schule. Es ging ziemlich laut zu – die vielen Kinder, Mütter, Großmütter – alle drängten in das Klassenzimmer. Mama schob mich auf eine Bank – es waren Holzbänke, eine Bank für jeweils zwei Schüler. Die Tischfläche war leicht geneigt, an der linken und rechten oberen Ecke war jeweils ein Loch für das Tintenfass, am oberen Rand befand sich eine breite Rille, die als Ablage für Stifte diente. Ein Metallhaken an der Seite diente als Aufhänger für die Schultasche. Kaum saß ich, schob sich ein anderes Mädchen neben mich. Sie war fast einen Kopf größer und ziemlich dick – deshalb musste ich gleich noch ein Stück rücken, damit sie ihre Körperfülle unterbrachte. Ich freute mich, dass ich nicht alleine dort sitzen musste. Dann kam der Moment als Frau Lehrerin Kittmann die Eltern bat, das Klassenzimmer zu verlassen. Mir war ziemlich mulmig zumute und ich verfolgte meine Mutter mit den Augen, bis sich die Tür hinter ihr schloss. Ich glaube nur die Erkenntnis, dass noch 29 andere Mädchen das gleiche Schicksal mit mir teilten, ließ mich meine Tränen zurückhalten.

Meine Ängste waren bald verflogen und ich genoss mein Schülerleben, vor allem auch deshalb, weil ich nicht mehr alleine war und vieles mit meinen Klassenkameradinnen teilen konnte. Da wir am Stadtrand wohnten, musste ich mit dem Fahrrad zur Schule fahren. Im Winter war das ziemlich unangenehm, denn sobald der erste Schnee fiel, blieb mir nichts anderes übrig, als früher aufzustehen und den drei Kilometer langen Weg, warm eingepackt in Winterkleidung und Schurwollstrümpfe, die ich wie die Pest hasste, zu Fuß zu laufen

Im vierten Jahr, wir waren eine reine Mädchenklasse, hatten wir einen Lehrer namens Behrlein, ein echter Mistkerl. Während er etwas erklärte, spazierte er zwischen den Bankreihen auf und ab. Ein kurzer Rohrstock war sein ständiger Begleiter. Um eine Frage in ihrer Wichtigkeit zu unterstreichen, blieb er ruckartig stehen, wippte in den Knien und stieß den Stock Richtung der Schülerin, die er dazu auserkoren hatte, die Frage zu beantworten. Kam die Antwort nicht sofort oder nicht zu seiner Zufriedenheit, schlug er mit dem Stock mehrmals auf die Tischplatte, was oft dazu führte, dass das Kind schon aus Angst kein Wort mehr herausbrachte. Wurde eine Schülerin beim Trödeln oder Schwätzen erwischt, schoss er auf die Täterin zu, kniff ihr mit Daumen und Zeigefinger brutal in die Wange, dass stundenlang ein roter Fleck im Gesicht haften blieb. Dies wurde noch dadurch übertroffen, dass er auch gerne während des Zwickens die Hand drehte, so dass ihr die Tränen in die Augen schossen. Schläge mit dem Rohrstock auf die Fingerspitzen oder das Grabschen in die Haare, um dann mit einem kurzen Ruck den Kopf nach hinten zu reißen, bereiteten ihm besondere Freude.

Natürlich gab es auch Schülerinnen, die von diesen Torturen ausgespart waren – zum Beispiel Ulla und ihre Cousine Christina, beides Töchter aus einer Industriellenfamilie am Ort. Ulla hatte Probleme mit Rechnen und jedes Mal, wenn sie an der Tafel eine Aufgabe lösen sollte, blickte sie hilfesuchend in die Klasse, weil sie keine Ahnung hatte. Sofort half ihr unser Lehrer, so dass es aussah, als ob sie alleine auf das richtige Resultat gekommen war. Christina konnte nicht gut lesen und schreiben – ich vermutete, dass die Hausaufgabenaufsätze von ihren Eltern verfasst wurden. Lehrer Behrlein sah hier großzügig drüber hinweg und gab ihr gute Noten.

Jedes Klassenzimmer hatte eine Garderobe, wo wir unsere Mäntel ablegten. Es gab zwar keine bestimmte Zuteilung der Kleiderhaken, aber im Laufe der Zeit hatte es sich so eingespielt, dass man seine Sachen meistens an der gleichen Stelle aufbewahrte.

Ohne mir große Gedanken zu machen, hatte ich eines Morgens meinen Mantel an einen abgebrochenen Kleiderhaken gehängt. Nachdem ich gerade in das Klassenzimmer gehen wollte, schnappte sich Christina meinen Mantel und schmiss ihn auf den Boden. Sie bestand darauf, dass dieser abgebrochene Haken ihr ganz persönlicher sei. Ich war damit nicht einverstanden, nahm ihren Mantel ab und hing meinen wieder auf. Dies wiederholte sich mehrmals, bis wir schließlich handgreiflich wurden und eine saftige Prügelei entstand. Inzwischen hatte sich auch einiges Publikum eingefunden, welches uns anfeuerte. Plötzlich spürte ich einen furchtbaren Schmerz an meinem Kopf. Jemand riss mich an den Haaren von Christina herunter und gab mir einen Schubs, der mich in die nächste Ecke beförderte. Über mir stand Herr Behrlein mit hochrotem Kopf und einem wilden Blick in den Augen. Christina weinte hysterisch, während sie auf mich deutete – »Sie hat angefangen! «

Ich argumentierte dagegen, aber er hörte mir überhaupt nicht zu, sondern gab Christina sofort Recht. Er befahl mir, meine Sachen sofort von ihrem Kleiderhaken zu nehmen. Herr Behrlein entfernte sich in Richtung Klassenzimmer und als Christina sicher war, dass seine Ohren nicht mehr bis zu uns reichen würden, zischte sie: »Geschieht dir recht, du Ami-Bastard!« Ich spürte, wie mein Gesicht puterrot wurde, sogar meine Ohren brannten. Bis zum Ende des Unterrichts konnte ich mich nicht mehr konzentrieren, was mir auch noch eine Strafarbeit einbrachte. Den Ami-Bastard, schwor ich mir, würde ich ihr heimzahlen.

Auf dem Weg nach Hause musste ich durch eine Gartenkolonie laufen. Es war ein schmaler Pfad, der zwischen umzäunten Gärten durchführte. Kurz vor Ende des Pfades hörte ich hinter mir ein Kichern und plötzlich spürte ich, dass etwas auf meinem Rücken auf den Schulranzen aufschlug. Es handelte sich um einen Stein, der zu meinen Füßen landete.

Erschrocken drehte ich mich um und sah Christina mit drei ihrer dicksten Freundinnen. Sie waren stehen geblieben und benahmen sich ganz unschuldig, während sie miteinander tuschelten. Da ich an diesem Tag schon genug Ärger gehabt hatte, entschied ich mich, den Steinwurf zu ignorieren. Allerdings, als nach wenigen Schritten der zweite Stein geflogen kam, war meine Geduld zu Ende. Ich machte auf dem Absatz kehrt, ging zurück und baute mich vor der Gruppe auf, um sie zur Rede zu stellen. Sie schrien alle möglichen Beleidigungen. Als ich wieder »Bastard« hörte, sah ich rot und ging auf Christina los. Wir schlugen, kratzten und traten wild aufeinander ein. Die anderen rannten in Panik davon, während ich meine Gegnerin in einen Stacheldrahtzaun drückte.

Es fiel kein Wort – nur unser Keuchen war zu hören. Plötzlich gelang es ihr, einen großen Stein in die Hand zu bekommen, den sie mir auf den Kopf schlug. Der Schmerz war so stark, dass ich sie losließ. In diesem Moment kam auch schon die Verkäuferin aus der Bäckerei an der Hauptstraße gelaufen und schimpfte ganz fürchterlich. Ich ging wortlos weg, meinen Kopf mit der Hand stützend. Aus den Augenwinkeln sah ich, wie sich Christina mühsam aus dem Zaun wickelte.

Der Bastard brannte in meinem Gedächtnis. Kurz vor der Gärtnerei Junghans holte mich ein Radfahrer ein – es war Alex.

»Was hast du denn angestellt? Dein Kopf sieht ja furchtbar aus, du blutest wie ein Schwein!«

Ich berührte erschrocken die schmerzende Stelle – meine Hand war blutverschmiert, mein Kopf dröhnte. Alex stieg vom Fahrrad, ich setzte mich an den Straßenrand und erzählte ihm, was geschehen war.

»So kann ich nicht nach Hause«, sagte ich. »Wenn meine Mutter das sieht, ist die Hölle los. Sie geht bestimmt in die Schule und macht Krach und dann habe ich erst Recht den alten Behrlein im Nacken!«

Alex hatte die Idee, in die Gärtnerei zu schleichen, um einen Wasserhahn zu suchen, damit ich die Wunde säubern konnte. Er gab mir sein Turnhemd, um meine Haare einigermaßen zu trocknen. Dann schnallten wir meine Schultasche zusammen mit der seinigen auf den Gepäckständer, ich setzte mich vor ihn auf die Längsstange seines Bubenrades und zusammen radelten wir die restlichen zwei Kilometer nach Hause. Meine Mutter merkte nichts und ich ließ mir auch nicht die Kopfschmerzen anmerken, die mich noch tagelang quälten. Mit Sicherheit hatte ich eine Gehirnerschütterung davongetragen.

Es gab noch ein anderes Ereignis, welches mich für mein ganzes Leben geprägt hat – ich sehe die Situation vor mir, als wäre es erst gestern passiert:

Ulla feierte ihren 10. Geburtstag. Sie hatte die ganze Klasse eingeladen und ich war schon sehr aufgeregt, denn es war das erste Mal, dass mich eine Klassenkameradin zu sich nach Hause einlud. Außerdem wusste ich, dass sie in einer Villa wohnte, da mein Schulweg mich täglich daran vorbei führte – das machte das Ganze noch interessanter.

Ich stieg auf mein Fahrrad und fuhr los, das kleine Päckchen mit dem Geburtstagsgeschenk in meiner Jackentasche. Als ich an Ullas Villa ankam, hörte ich schon laute Stimmen und anhand der vielen Schuhe, die vor der Tür standen, konnte ich annehmen, dass bereits eine große Anzahl von Kindern eingetroffen war. Mit dem Geschenk in meiner Hand drückte ich die Klingel. Nach wenigen Sekunden ging die Tür auf – vor mir stand Ulla. Mit einem Fuß bereits über die Schwelle hörte ich ihre Mutter fragen: »Wer ist gekommen?«

»Es ist Petra!«

Ihre Mutter, eine sehr attraktive Frau, groß, schlank, die pechschwarzen Haare am Hinterkopf zu einem Knoten gebunden, flüsterte etwas.

»Warte einen Moment«, sagte Ulla und verschwand.

Sekunden später kam sie wieder zum Vorschein, baute sich vor mir auf, beide Hände in die Hüften gestemmt und sagte: »Du kannst leider nicht hereinkommen!«

Ich war so erschrocken, dass ich sie zunächst nur stumm ansah, bis ich allen Mut zusammenfasste und fragte: »Warum?«

Da verzog sich ihr Gesicht zu einem hämischen Grinsen – sie zischte: »Weil du ledig bist!« und machte einen Schritt zurück, während sie die Haustüre vor meiner Nase zuknallte.

Nun, mit diesem neuen Begriff ›ledig‹ konnte ich überhaupt nichts anfangen, aber mein Instinkt sagte mir, dass es wiederum mit dem Wort ›Bastard‹, zu tun hatte.

Mein Gesicht fühlte sich glühend heiß an, es muss knallrot gewesen sein vor Scham. Ich ging zu meinem Fahrrad und fuhr weg, so schnell ich konnte.

Viele Gedanken gingen mir durch den Kopf. Ich fühlte mich krank, gedemütigt, abgewiesen, wie der letzte Dreck. Vor dem Friedhof angekommen – wir wohnten nur fünfzig Meter weiter die Straße hoch – stieg ich vom Fahrrad, setzte mich auf die grün gestrichene Bank unter einer hohen Pappel und weinte, bis die beiden Ärmel meiner Jacke, die ich zum Abwischen der Tränen benutzt hatte, nicht mehr aufnahmefähig waren. Ich entschied mich noch eine ganze Weile sitzen zu bleiben, denn meiner Mutter wollte ich auf keinen Fall von dem Vorfall erzählen. Irgendwie fühlte ich mich schuldig – wenn ich auch nicht wusste warum. In diesen Stunden auf der Bank fasste ich einen Entschluss: Ich musste Klarheit über mich haben!

Die Gelegenheit kam einige Wochen später, als Mutter und Wilhelm übers Wochenende in dessen Heimatdorf radelten, um bei der Hopfenernte zu helfen und mich bei Oma zurück ließen. Ich vertrieb mir die Zeit mit Verkleidenspielen. Der Schrank in Mamas Schlafzimmer barg aufregende Sachen, die man anziehen konnte. Vor allem die Stöckelschuhe waren lustig, denn ich fiel so oft über meine eigenen Füße, dass ich mir nicht vorstellen konnte, eines Tages, wenn ich einmal erwachsen sein würde, solche Schuhe zu tragen. In der Kommode fand ich alle möglichen Utensilien: Ich schminkte mich, befestigte Broschen und Haarschmuck an mir und tanzte vor dem Spiegel. Die dritte Schublade von oben enthielt Unterwäsche und einen Schuhkarton, welcher mit einem blauen Seidenband versehen war. Neugierig geworden, öffnete ich das Band und hob den Deckel ab.

Der Karton war bis zum Rand gefüllt mit Briefen – die Umschläge waren alle geöffnet. Ein Gefühl sagte mir, dass ich etwas Wichtiges entdeckt hatte – etwas Geheimnisvolles, Verbotenes! Mit einem Blick aus dem Fenster stellte ich sicher, dass Oma nach wie vor draußen im Hof mit der

Nachbarin schwatzte. Sodann befasste ich mich mit meinem neu entdeckten Schatz.

Bereits den ersten Brief, den ich aus dem Umschlag zog, konnte ich nicht lesen – was waren das für komische Wörter? Der zweite, der dritte, der vierte – alle waren in einer Sprache geschrieben, die ich nicht verstand. Sie hatten Flecken von Blaupausen. Ich kramte bis zum untersten Brief – es waren insgesamt neun – und hatte plötzlich ein größeres Kuvert in der Hand, welches drei Fotografien enthielt. Eines zeigte einen Mann in Uniform, die mir bekannt vorkam – ich hatte sie oft an den amerikanischen Soldaten gesehen, wenn sie durch unser Städtchen spazierten. Auf der Rückseite war etwas geschrieben, aber ich konnte nur zwei Worte verstehen, Helen und etwas darunter – Peter. Auf einem weiteren Bild sah ich meine Mutter ebenfalls mit diesem Mann. Sie saßen unter einem Baum, er hatte den Arm um ihre Schultern gelegt und sie lachten beide. Das dritte Foto zeigte sie auf einer Treppe sitzend, im Hintergrund Arbeitskolleginnen meiner Mutter. Zu gerne hätte ich gewusst, was in den Briefen stand. Eins war klar – wenn der Mann in der Uniform Amerikaner war, dann mussten die Briefe auch in amerikanischer Sprache geschrieben sein.

Treppe zum Himmel

Meine Hände, meine Beine, mein ganzer Körper zitterte, als ich die Briefe wieder in den Karton einsortierte und in der Schublade versenkte.

Instinktiv wusste ich in diesem Moment, dass es eine Verbindung zwischen mir und Peter gab. Der Schlüssel lag in den Briefen und ich musste sie lesen können. Aber wie? Vertrauen konnte ich niemandem – außer Alex.

Sonntagmorgens trafen wir uns immer bei Alex. Bevor wir zum Spielen gehen konnten, musste Alex die Schuhe der ganzen Familie putzen. Es war ein sonntägliches Ritual, bei welchem ich ihm gerne half. Alex' Mutter hatte inzwischen auch geheiratet und er hatte nun ebenfalls einen neuen Vater und neuen Namen. Wir saßen auf der Treppe vor dem Hauseingang, er kremte, ich polierte mit der Bürste, bis alle Schuhe blitzten. Aufgeregt erzählte ich Alex von meinem Fund – er war beeindruckt. Wir überlegten, wie wir mehr über den Inhalt der Briefe erfahren könnten. Alex meinte: »Im September komme ich aufs Gymnasium, da lerne ich Englisch. Bis Weihnachten müsste ich dann so weit sein, dass ich etwas lesen kann.« Das klang zwar gut, aber es erschien mir wie eine Ewigkeit. Vielleicht gab es eine andere, schnellere, Lösung.

Als meine Eltern am Montag zurückkamen, überraschte ich sie mit meinem Entschluss, ebenfalls aufs Gymnasium gehen zu wollen. Das Thema hatten wir schon im Frühjahr abgehandelt, denn meine Mutter und Wilhelm waren der Meinung, dass ich als Mädchen kein Abitur bräuchte, denn Mädchen heirateten sowieso. Die Kosten für ein Studium waren ihrer Meinung nach unerschwinglich. Sie lehnten meinen Wunsch ab. Nun war auch diese Möglichkeit, schnell Englisch zu lernen, gescheitert.

Der September 1957 zog ins Land. Ich konnte es kaum erwarten, bis Alex jeden Tag aus der Schule kam, um mit ihm Englisch zu pauken. Ab und zu schlich ich mich zu dem Schuhkarton, um zu sehen, ob die Wörter, die ich bisher gelernt hatte, auch in den Briefen vorkamen. Bis auf wenige Ausnahmen war ich nicht fündig geworden. Das ging mir alles zu langsam. Von meinem Taschengeld und ein paar extra Mark, die mir meine Oma öfter zusteckte, erwarb ich im Buchladen das gleiche Englischbuch, welches mein Freund in der Schule benutzte und mein erstes Langenscheidts Wörterbuch. Jede freie Minute wurde genutzt, in dem festen Vorsatz, mir selbst Englisch beizubringen. In der Buchhandlung Uhl am Marktplatz kaufte ich mir kleine Büchlein mit den englischen Texten der neuesten Rock- und Pop-Musik. Begeistert hörte ich jeden Tag den amerikanischen Soldatensender AFN.

Unsere Hauswirtin, Frau Bach, war inzwischen unsere Erzfeindin geworden. Sie ließ keine Gelegenheit aus, Alex und mich zu traktieren. Wollte ich ihn bei seinen Großeltern besuchen, musste ich an ihrem Hof vorbei. Sie sprang dann aus irgendeiner Ecke auf den Weg, die Peitsche schwingend, welche sie normalerweise über dem Rücken ihres Ochsengespanns knallen ließ, und ich rannte so schnell mich meine Beine tragen konnten davon. Sie schrie hinter mir her: »Du Bastard, lass dich bloß nicht von mir erwischen!« und drohte mit der Faust. Manchmal nahm ich einen Schleichweg durch die Felder, um ihr aus dem Weg zu gehen. Im Sommer war das kein Problem, aber im Winter, ohne den Schutz der Kornfelder, gab es kein Entrinnen. So waren meine Besuche bei Alex immer ein Abenteuer.

Die Sommerferien verbrachten Alex und ich jeden Tag zusammen. Unsere Fahrräder erlaubten uns einen sehr breiten Aktionsradius. Nach einem heftigen Regenguss, den wir in einem Zelt aus aufgestellten Weizenbündeln aussaßen, kamen wir auf dem Nachhauseweg am Bahndamm vorbei. Durch den Regen war ein Teil des Dammes abgerutscht und hatte einige interessante Dinge freigelegt. In einer Mulde befand sich etwas, das unsere Aufmerksamkeit erregte. Es waren hunderte von Patronenhülsen und Gewehrpatronen, die wohl aus dem Zweiten Weltkrieg stammten. Wenige Schritte weiter ragte ein dickes rundes Eisenteil aus dem Schlamm. Alex zog daran, zum Vorschein kam die ca. 50 cm lange Spitze einer Granate. Wir waren natürlich verblüfft, solch wertvolle Dinge gefunden zu haben. Besonders die Granate hielt uns in ihrem Bann. Auf keinen Fall wollten wir den wertvollen Fund dort liegen lassen. Der Entschluss stand schnell fest, dass wir sie mit nach Hause nehmen wollten. Da wir nur die Fahrräder als Transportmittel hatten, beschlossen wir – wohlwissend, dass solche Sachen gefährlich sein könnten – die Granate abwechselnd zu transportieren. Falls sie in die Luft flog, wäre ja nur einer verletzt und könnte dem anderen helfen! Dass eventuell jede Hilfe für uns beide zu spät kommen könnte, kam uns nicht in den Sinn.

Alles verlief gut. Als wir zu Hause ankamen, war die große Frage, wo wir das ›Corpus Delicti‹ verstecken sollten. Ein sicherer Platz schien uns zunächst der Holunderbusch vor dem Haus, bis wir eine Entscheidung über die weitere Vorgehensweise treffen konnten. Die Granate verschwand im Busch und wir setzten uns auf die Wiese zur Beratung, mit Blick auf Frau Bachs Kartoffelacker.

Es dauerte nicht lange, bis jene am Rande des Feldes mit ihrer Kuh auftauchte und anfing, die Furchen zu pflügen. Sie hatte uns noch nicht gesehen und so versteckten wir uns, auf der Granate sitzend, im Holunderbusch.

Da kam Alex eine tolle Idee. Er meinte, es wäre doch die Gelegenheit, Frau Bach ein für alle Mal los zu werden, wenn wir die Granate im Kartoffelacker vergrüben und sollte sie dann mit dem Pflug zufällig darauf stoßen – solche Munition könnte ja überall herumliegen, dann .... naja! Das leuchtete mir auch ein, denn allein der Gedanke, nie mehr Panik wegen der Peitsche zu haben, nie mehr das hässliche Wort hören zu müssen, niemals mehr angespuckt zu werden, nie mehr meine Mutter wegen dieser Frau weinen zu sehen – das war überhaupt die Lösung. Am Abend, sobald es dunkel war, schlichen wir uns in den Kartoffelacker und vergruben die Granate.

Doch Frau Bach kam nicht wieder und wir hatten schon die Hoffnung aufgegeben, als an einem sonnigen Sommertag Herr Bach die Furchen pflügte. Alex und ich waren schockiert. Damit hatten wir nicht gerechnet. Herr Bach war nämlich ein ganz netter Mann, der uns meistens ignorierte, weil er so sehr Angst vor seiner Frau, dieser Hexe, hatte. Nie wurden wir von ihm belästigt oder angepöbelt.

»Was machen wir jetzt?«, fragte Alex, »Was wird, wenn der in die Luft fliegt und nicht sie?«

Wir beobachteten Herrn Bach mit gebannten Blicken. Nach etwa zwei Stunden – meine Mutter hatte schon mehrmals zum Essen gerufen – schirrte er die Kuh aus und machte sich, zu unserer Erleichterung, auf den

Heimweg. Den restlichen Tag ließ mir das Geschehene, oder Nichtgeschehene, keine Ruhe mehr.

Am Abend fiel Wilhelm auf, dass mich etwas bedrückte. Er fing an zu fragen, bis ich nach langem Hin und Her erzählte, was wir gefunden hatten und wo die Granate versteckt war. Allerdings kein Wort über den Zweck der ganzen Aktion. Ich glaube mein Stiefvater war kurz vor dem Infarkt. Er rannte aus dem Haus zu Alex' Stiefvater. Beide bargen dann unseren Fund mitten in der Nacht und transportieren ihn in den Wald, wo sie ein tiefes Loch gruben und die Granate darin versenkten. Sie haben den Vorfall nie wieder erwähnt, aber sie mussten sich gefühlt haben wie im Krieg, denn beiden war sehr wohl bewusst was es bedeutete, eine scharfe Granate zu transportieren.

Inzwischen waren meine Englischkenntnisse schon sehr weit fortgeschritten, ohne dass meine Eltern etwas gemerkt hätten. Es kam der Tag, an dem ich wichtige Teile der Briefe lesen konnte – es war ein Meilenstein in meinem Leben. Mir war klar, dass der Mann auf dem Foto, Peter, mein Vater sein musste. Das beantwortete auch meine Frage, warum meine Mutter für mich den zu damaligen Zeiten ungewöhnlichen Namen Petra ausgesucht hatte. Die Briefe meiner Mutter waren an Peter Fontano in Philadelphia, 1506 S. Lincoln Road, Pennsylvania adressiert. In meinem Weltatlas suchte ich den Namen der Stadt heraus. Es gab mir ein Gefühl der Vertrautheit. Jetzt wusste ich schon ein wenig mehr über ihn.

Wie immer besprach ich das alles mit Alex. Er sagte nie viel über seinen Vater, aber als er Einzelheiten von mir hörte, war er doch sehr nachdenklich und meinte, dass ich sehr viel Glück hätte, zumindest ein Foto, sogar Briefe meines Vaters zu besitzen.

»Jetzt bist du also amerikanisch!«, meinte er.

Ich wusste in diesem Moment nicht, wie ich damit umgehen sollte, aber ich hatte das Gefühl, langsam eine Identität zu bekommen. Mit der Zeit hörte ich auf, mich wie ein Niemand zu fühlen, trotzdem flößte mir diese neue Erkenntnis Angst ein.

Das Verlangen mehr über meinen Vater zu erfahren, wurde immer stärker. Wie viel Geld müsste ich wohl sparen, um eines Tages nach Amerika zu reisen? Gerade 11 Jahre alt, ließ mich das Wissen bis zur Volljährigkeit warten zu müssen, schier verzweifeln.

Alex und ich überlegten, wie wir Geld verdienen könnten. Die Lösung schien gekommen zu sein in Form von Onkel Karl. Er war eigentlich nicht mein Onkel, sondern ein Neffe zweiten Grades meiner Oma. Er wohnte bei uns in Logis, nachdem er 1950 aus russischer Kriegsgefangenschaft zurückgekehrt war. Ein eigenes Zimmer hatte er nicht, sondern er schlief auf der harten Couch in der Küche. Er war sehr eitel und deshalb machte ihm sein schütteres Haar große Sorgen. Täglich rieb er den Kopf mit Birkenwasser ein, ohne dass sich sichtbare Erfolge im Hinblick auf stärkeren Haarwuchs zeigten. Oft jammerte er, dass er sich diesen Luxus bald nicht mehr leisten könnte, denn dieses Wässerchen gab es in der Drogerie nur für teures Geld. So kamen Alex und ich auf die Idee ins Birkenwassergeschäft einzusteigen.

Wir sammelten Blechdosen und schnitten sie so auf, dass sich eine Schnaupe biegen ließ. Dann begaben wir uns mit diesen Utensilien in unseren Lieblingswald – Baumschule Werner – und schnitten Kerben in die Birken, befestigten die Dosen mit Draht an jedem Baum, so dass die Rinne die Tropfen auffing und der wertvolle Saft in die Dosen tropfte. Am nächsten Tag, nach der Schule, radelten wir wieder zu unserer Produktionsstätte, bewaffnet mit ausgespülten Bierflaschen, in die wir den Inhalt der Dosen umfüllten.

Nach einer Woche hatte sich einiges an Birkenwasser angesammelt. Wir berieten, wie wir unser Haarwuchsmittel vermarkten könnten, aber vor allem waren wir uns nicht sicher, ob es auch die entsprechende Wirkung erzielen würde. Also musste eine Testperson her – Karl!

Er war eine Seele von Mensch, mit einem winzigen Manko – er war Quartalsäufer, oder besser gesagt, Wochenendsäufer. Von Montag bis Samstag arbeitete er in einer Schraubenfabrik. Er stank immer nach Öl, ganz egal wie oft er sich wusch. Sehr willkommen in unserem Haushalt waren seine in Öl getränkten Sägespänepakete. Jeden Abend brachte er zwei solche Pakete mit. Sie sahen aus wie große Würste aus Zeitungspapier, die er, unter den Arm geklemmt, nach Hause trug. Meine Oma benutzte sie sowohl für unseren Küchenherd, um morgens schnell Feuer zu machen, als auch für den Ofen in der Waschküche.

Samstagabends war Karl unterwegs in seiner Stammkneipe. Etwa gegen Mitternacht hörte man ihn dann schon aus hundert Metern Entfernung, denn er kündigte sein Eintreffen mit seinem Lieblingslied an: »Auf einem Seemannsgrab da blühen keine Rosen.« Einmal war er so betrunken, dass er nachts die offene Schnapsflasche vom Küchenregal stieß, so dass diese ins Aquarium plumpste. Am nächsten Morgen schwammen alle Fische mit dem Bauch nach oben – sie waren an Alkoholvergiftung gestorben.

Die letzte Woche im Monat war für Karl immer die schwerste, da er meistens am Mittwoch schon pleite war, was den Samstagsbesuch in der Kneipe gefährdete. Mein Hund Putzi war oft sein Begleiter, so auch an jenem Samstag, an dem Karl besonders viel Durst hatte, aber kein Geld. Während er noch darüber nachsann, wen er wohl anpumpen könnte, fragte ihn ein Gast, ob das sein Hund wäre.

Karl fragte »Warum?«

Der Gast meinte: »Solch einen süßen Hund suche ich für meine kleine Tochter – würdest du ihn mir verkaufen?«

Da ließ sich Karl nicht lange bitten und verkaufte meinen Hund für ein paar Maß Bier sowie einige Schnäpse.

Als er spät nachts nach Hause kam, saß Putzi bereits schwanzwedelnd, geduldig wartend, vor der Haustür. In den nächsten Wochen mied Karl diese Kneipe – verständlicherweise.

Karls Halbglatze schien am besten geeignet als Testfeld für das Birkenwasser. Er fand unseren Vorschlag mit der Haartherapie hervorragend, denn er hatte wie er zugab, bereits verschiedene Präparate erfolglos ausprobiert. So begann die Haarwuchsmittelkur indem ich Karls schütteres Haupt täglich mit dem Wundersaft beträufelte, hoffend auf ein baldiges positives Resultat.

Es vergingen Wochen ohne das geringste Anzeichen eines Flaums. Alex und ich waren ratlos, auch Karls Hoffnungen schwanden. Eines Morgens sah meine Oma, wie sich Karl etwas aus einer Bierflasche auf das Haupt träufelte und fragte ihn neugierig:

»Was machst du da, schüttest du dir Bier auf den Kopf?«

»Nein, das ist Birkenwasser!«

Er erzählte meiner staunenden Großmutter stolz von unserem Experiment. Sie hatte sofort eine böse Vorahnung, also rief sie meine Mutter und Wilhelm auf den Plan.

Nach eingehender Befragung gab ich unsere Quelle preis, was zur Folge hatte, dass wir beide von allen Seiten in die Mangel genommen wurden, bis sie alles aus uns herausgequetscht hatten. Es war das absolute Chaos. Alex bekam eine Abreibung und ich Hausarrest.

Unsere Väter machten sich wieder einmal bei Nacht und Nebel auf den Weg. In der Baumschule behandelten sie alle Birken mit Holzkitt, um die Löcher zu stopfen. Die Angst war groß, dass der Besitzer vielleicht Anzeige erstatten könnte. Wir zitterten noch wochenlang. Aber entweder hatten wir Glück oder die beiden hatten ganze Arbeit geleistet, denn der befürchtete Besuch des Baumschulenbesitzers blieb aus.

Die Sommerferien waren eine aufregende Zeit. Ab Ostern durfte ich Kniestrümpfe tragen und sobald es wärmer wurde, tauschte ich auch die Röcke, welche ich sowieso grundsätzlich verabscheute, mit kurzen Hosen. Alex trug die meiste Zeit seine speckige Lederhose und da ich ihm in nichts nachstehen wollte, bettelte ich so lange, bis ich auch eine Lederhose, Boxer genannt, bekam. Sie war olivgrün, hatte sogar einen Hosenlatz mit Hirschhornknöpfen, die Tascheneingriffe und Hosenträger waren mit rotem Leder paspeliert, an der Seite – ganz wichtig – gab es eine kleine Tasche für das Klappmesser.

Alex hatte allerdings einen immensen Vorteil – er konnte einfach den Hosenlatz aufmachen und an einer Wand oder einem Baum hochpinkeln. Das war mir rein anatomisch gesehen verwehrt. Mein Ehrgeiz war geweckt – letztendlich spielte ich genauso gut Fußball, lief die 100 m auf der Aschenbahn so schnell wie er und konnte auch genauso weit spucken. So entwickelte ich ein eigenes System. Ich lernte aus dem Hosenbein heraus zu pinkeln, was mir meistens gelang, aber nie die Höhe erzielte, die Alex problemlos schaffte. Nachdem ich mir ein Dutzend Mal das innere Hosenbein nass gemacht hatte, was meiner Lederhose zudem einen unangenehmen Geruch verpasste, musste ich zerknirscht akzeptieren, dass es eben doch Dinge gab, die Jungs besser konnten.

Alex war, wie jeder Junge, interessiert an Panzern, Kriegsgerät und vor allem an den amerikanischen Militärfahrzeugen. Obwohl die Kaserne gute 5 km von unserer Nachbarschaft entfernt war, konnten wir das Dröhnen der Kettenfahrzeuge hören, wenn sie sich auf den Weg ins Manöver begaben. Dann rannten wir los, um nichts zu verpassen. Die Lastwagen waren mit Planen bedeckt, auf der Ladefläche saßen die Soldaten mit ihren Gewehren in der Hand, viele mit Zigaretten in den Mundwinkeln und winkten zu uns herab. Wir kannten zwei wichtige Begriffe, die englische Bezeichnung für Schokolade und Kaugummi – ›chocolate‹ und ›chewing gum‹ – was in unserer Aussprache eher wie Tschokoläd und Tschevinggum klang.

Wir eilten an der Wagenkolonne entlang, winkten und riefen diese magischen Wörter, denn sie bescherten uns wertvolle Süßigkeiten – amerikanische Süßigkeiten – das war wichtig. Es gab ein Gerangel und Geschubse, was den Soldaten sichtlich Freude bereitete, denn sie johlten und gestikulierten, während wir uns balgten.

Gerne trafen wir uns mit den fünf Kindern des Friedhofswärters Hiller, deren riesiger Hof unmittelbar an den Waldfriedhof angrenzte. Ihr Garten war auch nicht ohne – Hillers hatten immer sowohl die größten Pflaumen, Kirschen, Birnen als auch Gemüse. Ob das wohl an der guten Erde des Friedhofs lag oder am grünen Daumen von Frau Hiller habe ich nie herausgefunden.

Familie Hiller war streng katholisch, deshalb wurde vor allen Mahlzeiten gebetet. Falls wir Kinder gerade zur Essenszeit anwesend waren, rief uns Frau Hiller in die Küche, wo sich jeder ein Schmalzbrot und ein Glas Saft abholen durfte. Aber bevor wir das köstliche Brot verzehren durften, mussten wir uns in den Kreis der Familie einreihen, um das Tischgebet zu sprechen. Da ich evangelisch getauft war hoffte ich, dass mir mein evangelischer Gott ausnahmsweise meine katholisch gefalteten Hände vergeben würde!

Beliebt waren Mutproben, die sich etwa so abspielten: Derjenige, der beim Völkerballspiel, beim Versteckspiel oder bei ›Wer fürchtet sich vorm

Schwarzen Mann‹ als Verlierer übrig blieb, konnte sich durch eine Mutprobe wieder ins Spiel einbringen. Es gab zwei Möglichkeiten – entweder man musste in einen der neuen Särge, die im Schuppen gestapelt waren, steigen oder sich in die Leichenhalle begeben wo die Toten zum Zwecke des letzten Abschiednehmens, aufgebahrt waren. Ich muss gestehen, dass mir dabei nie wohl war, ja es war wirklich gruselig, deshalb versuchte ich meine Mutprobe so schnell wie möglich zu beenden.

Das Taschengeld für die Ferien verdienten wir uns mit Sammeln von Altmetall, Flaschen oder Stanniolpapier. Sehr beliebt war der Müllhaufen auf dem Friedhof, der nach dem Verfaulen der Blumen und Gestecke die ganzen Drahtreste freigab. An Baustellen der Stadt, in Straßengräben, auch auf Mülldeponien sammelten wir alles an verwertbaren Metallen. Sobald sich genug angehäuft hatte, luden wir das ganze Gerümpel auf einen Leiterwagen, den Herr Hiller zur Verfügung stellte. Es handelte sich eigentlich um einen Pritschenwagen mit Gummireifen, welcher normalerweise mit einem großen schwarzen Tuch bedeckt, die Särge anlässlich Beerdigungen transportiere. Wir hatten das Gefährt nur zweckentfremdet. Hillers ältester Sohn Ludwig hatte ihn für unseren Schrotttransport ausgeliehen. Nachdem alles aufgeladen war, zogen wir den Wagen zur abschüssigen Hauptstraße – damals noch ungeteert – alle saßen auf, Ludwig hatte die Deichsel zwischen den Beinen, Alex stemmte sich in die Knie und schob kräftig an. Wir bekamen schnell Tempo, schossen den Abhang hinab – es war wie ein Rausch, der dann im Schrebergarten von Herrn Niemann endete, weil Ludwig die Kurve falsch eingeschätzt hatte. Wir pflügten durch die Radieschenbeete, vorbei an den Tomatenstöcken, bis zum Komposthaufen. Alle flogen vom Wagen, in verschiedene Richtungen, gefolgt von unserem Schrott. Ludwigs Bruder Bernhard knallte gegen das steinerne Wasserbassin und schrie wie am Spieß. Herr Niemann war so erschrocken, dass er vergaß zu schimpfen und uns sogar half alles wieder einzusammeln. Wir zogen den Wagen wieder zur Straße, stiegen auf und setzten die Fahrt – allerdings viel vorsichtiger – fort.

Bernhard jammerte ständig und nach kurzer Beratung entschlossen wir uns, ihn zum Arzt zu bringen. So kam es, dass ein Leiterwagen vollbepackt mit sechs Kindern und Altmetall, bei Dr. Käfer an der Praxis vorfuhr. Nach langem Warten erschien Bernhard endlich und gab stolz bekannt, dass er sich den Arm gebrochen hatte. Als Beweis präsentierte er den frischen Gipsverband.

Das Freibad war den ganzen Sommer ein beliebter Tummelplatz. Meistens waren wir eine ganz Horde von Kindern, jeder ausgerüstet mit Handtuch, Vesper und den obligatorischen Mickey-Maus-, Prinz-Eisenherz-, Fix-und-Foxi-, Sigurd-Heften und wie sie alle hießen. Es herrschte ein heftiger Tauschhandel.

Es gab auch Tage, wo Alex und ich mehr die Natur vorzogen und wir fuhren dann mit den Rädern an die Rednitz. Dort fanden wir immer Abwechslung, denn schon allein Fauna und Flora auf dem Fluss und an den Ufern zu observieren, war aufregend. Sehr oft saßen wir am Ufer im Sand und redeten über uns, um genauer zu sein über unsere unbekannten Väter.

Alex wollte seinen richtigen Vater überhaupt nicht kennenlernen. Ich glaube, das war der Einfluss seines Großvaters, der den ›Polacken‹, wie er ihn nannte, vom Hof gejagt hatte. Der alte Herr Meier war ein waschechter Nazi. Alles Nichtdeutsche hatte keine Chance bei ihm. Deshalb konnte er mich auch nicht leiden. Immer wenn ich Alex bei den Großeltern besuchte, musste ich vor der Tür zur Stube stehen bleiben. Später verstand ich warum - ich war das Produkt des Feindes.

Ich träumte immer den gleichen Traum: Eines Tages würde ein großer amerikanischer Straßenkreuzer vor meinem Haus halten, mein Vater würde aussteigen, mich in die Arme nehmen und mit mir und meiner Mutter auf einem großen Schiff nach Amerika fahren. Und alle in der Nachbarschaft würden neidisch zusehen.

Als ich Alex von meinen Träumen erzählte, war er davon zwar nicht begeistert, da er mich dann verlieren würde, aber ich wusste, er hätte es mir gegönnt.

»Was ist, wenn er dich nicht abholen kommt?«, fragte er mich.

»Dann musst du zu ihm gehen!«, war die logische Folgerung von Alex.

Das leuchtete mir auch ein und je öfter ich darüber nachdachte, desto bewusster wurde mir, dass ich einen Plan haben musste.

Die Adresse des Mannes, den ich für meinen Vater hielt, wusste ich ja aus den Briefen meiner Mutter an ihn. Ich hatte diesen Karton in der Kommode meiner Mutter schon so oft aufgemacht und immer versucht, mehr aus den Briefen zu verstehen, denn meine Englischkenntnisse waren inzwischen mit Hilfe von Alex besser geworden, wenn sie auch noch bescheiden waren.

Ich versuchte mir vorzustellen, was wohl solch eine Reise nach Amerika kosten könnte und wer mir diese Information liefern könnte.

Jeden letzten Samstag im Monat fuhren Großmutter und ich mit der Bahn nach Nürnberg ins Theresienbad. Diese Fahrt war immer etwas Besonderes. Wir gingen bereits früh morgens zum Bahnhof, um den Acht-Uhr-Zug zu nehmen. Ich wartete gespannt darauf, dass das grüne Signal mit einem scheppernden Laut nach oben sprang – das war das Zeichen, dass der Zug jeden Moment einfahren würde. Die Lok schnaufte heran, ließ mit einem ohrenbetäubenden Zischen nochmals Dampf entweichen und die Waggons kamen zum Stehen. Es war ein eigenartiger Geruch – ein Gemisch aus Kohlenstaub, Öl und heißem Stahl. Der Schaffner, in seiner schicken blauen Uniform und roter Mütze, sprang auf den Bahnsteig und wartete, bis alle Fahrgäste eingestiegen waren. Dann rief er: »Bitte alle einsteigen!«, warf noch einen letzten Blick nach links und rechts, steckte die Trillerpfeife in den Mund, hob die Kelle mit der grünen Seite Richtung Lokomotivführer und ließ dann einen schrillen Pfiff, in zwei Oktaven, erschallen. Er wartete, bis die Lokomotive anfuhr, erst dann sprang er mit einem eleganten Satz auf das untere Trittbrett und stieg selbst ein.

Die Waggons hatten Plattformen, die durch Gitter gesichert waren. Man konnte aber über die schwankenden Übergänge von einem Waggon zum anderen gehen. Das war wirklich aufregend! Wenn man darüber lief, konnte man die Puffer der Waggons und die Verbindungsbolzen mit der Bewegung des Zuges hin und her springen sehen. In den Wagen selbst befanden sich Holzbänke die so glatt waren, dass man sich beim Bremsen des Zuges immer mit den Beinen abstützen musste, wenn man nicht vom Sitz rutschen wollte. Unter dem Fenster hingen große, stinkende, Aschenbecher über deren Deckel Metallschildchen angeschraubt waren, worauf stand: ›Das Spucken auf den Boden ist polizeilich verboten‹.

Ich saß am Fenster und beobachtete, wie Häuser, Straßen, Bäume und Felder an mir vorüberzogen. Dann kam der Moment, als der Zug langsam in Nürnberg einfuhr und mein Blick auf die teilweise zerbombten Häuser und Fabrikgebäude fiel. Manche waren richtig verkohlt, die Höfe mit hohem Unkraut bewachsen und durch Müll verunstaltet. In den kommenden Jahren, wann immer ich mit dem Zug nach Nürnberg fuhr, stellte ich dann mit Freude fest, dass diese Ruinen langsam aber sicher neuen Gebäuden wichen

Das Theresienbad war ein Erlebnis schlechthin. Zuerst gingen wir in die Badeabteilung. Dort musste man an der Kasse 50 Pfennig bezahlen und bekam dafür eine Metallmarke. Diese wurde in die Wasseruhr an der Wand vor dem Badezimmer gesteckt und dann konnte man entweder lang und ausführlich duschen, oder ein Wannenbad nehmen. Da wir in unserer Wohnung keine Badewanne hatten und das wöchentliche Freitagsbad in der Waschküche stattfand, war dies ein richtiger Luxus. Danach durfte ich im Hallenbad eine weitere Stunde schwimmen und zum Schluss ging Oma mit mir zum Kaufhaus *Weißer Turm*, wo wir Bockwürstchen mit Semmel und Senf aßen.

An einem dieser Badetage entdeckte ich neben dem Kaufhaus ein Reisebüro – ein großes Schild mit der Aufschrift *Hapag Lloyd Amerika Reisen* hatte meine Aufmerksamkeit erregt.

Während Oma die Auslagen in den Schaufenstern intensiv betrachtete, stahl ich mich in das Reisebüro. Etwas komisch schaute die Frau schon, als ein Kind sie fragte: »Was kostet bitte eine Reise nach Amerika?« Sie gab mir einen Prospekt und meinte, dort würde ich alles finden, was mich interessierte. Als meine Oma den Prospekt sah, lachte sie, ohne sich große Gedanken zu machen und bis wir wieder zu Hause angekommen waren, hatte sie das vergessen.

Bei der ersten Gelegenheit besprach ich meine Überlegungen mit Alex. Wir verstanden zwar nicht alles, was im Prospekt beschrieben war, aber schließlich kamen wir zu dem Resultat, dass ich ca. 2000 DM sparen müsste, um nach Amerika fahren zu können. Ich war am Boden zerstört, denn wo sollte ich so viel Geld hernehmen. Ich rechnete mir aus, dass ich bis zur Volljährigkeit noch viele Jahre sparen müsste. Es schien mir so weit weg zu sein wie der Mond.

Meine Oma steckte mir ab und zu etwas Geld zu. »Kauf dir was!«, sagte sie, aber ich sparte es. Als ihre kleinen Geldgeschenke auf 20 DM angewachsen waren, fragte ich sie, ob sie mit mir zur Post gehen würde, um mir ein Sparkonto einzurichten. Oma fand das eine sehr vernünftige Idee. Ich bekam ein blaues Büchlein und einen Ausweis und war sehr stolz. Mein Konto wuchs natürlich sehr langsam, so dass ich mich fragte, ob ich es schaffen würde 2000 DM zu sparen. Das Alteisen- und Flaschensammeln brachte schon was ein, aber ich brauchte eine regelmäßige Einkunftsquelle.

Der Sommer 1959 bescherte mir dann meinen ersten Job.

Auf dem Weg nach Hause vom Freibad, kam ich an einem Tennisplatz vorbei. Neugierig stieg ich von meinem Fahrrad und sah den Spielern eine Weile zu. Sie sahen chic aus in ihrer weißen Tennisbekleidung – damals war das der Sport für die oberen Zehntausend. Es schien gar nicht so schwer, den Ball über das Netz zu schlagen und ich sagte mir, eines Tages würde ich auch Tennisspielen lernen und genauso schicke Sachen tragen.

In diesem Moment flog ein Ball über den Zaun unmittelbar vor meine Füße. Ich warf ihn zurück auf den Platz – was für ein schönes Gefühl, dieser flauschige Ball in meiner Hand, ich hätte ihn am liebsten behalten. Bereits mit dem Fuß auf dem Pedal, kam der nächste Ball geflogen welchen ich mit einer Hand fing. Der Spieler lief auf den Zaun zu und rief: »Warum kommst du nicht herein, wir könnten einen Balljungen gebrauchen?« Das ließ ich mir nicht zweimal sagen – Balljunge, Ballmädchen – war ja egal. Ich hetzte zwei Stunden lang hinter den verschlagenen Bällen her und hatte vier Mark verdient. Für den Rest des Sommers nahm ich jede Gelegenheit wahr, Tennisbälle aufzusammeln. Vor allem am Wochenende gab es manchmal noch extra Trinkgeld, eine kalte Limonade oder Cola. Montags nach der Schule ging ich dann bei der Post vorbei und deponierte mein sauer verdientes Geld.

Schon sehr früh war ich zu einer richtigen Leseratte geworden. Am liebsten las ich Pferdegeschichten. So gerne hätte ich Reiten gelernt, aber meine Eltern konnten sich die teuren Reitstunden nicht leisten. Deshalb ging ich öfter ins nächste Dorf oder radelte die Felder ab in der Hoffnung, dass mich ein Bauer auf seinem Ackergaul reiten ließ.

Sonntags gingen Alex und ich manchmal ins Kino. Der Eintritt kostete 50 Pfennig. Wir sahen gern Western – vor allem ›Zorro‹ faszinierte uns. Danach überlegten wir, wie wir den angebrochenen Tag abschließen könnten. Wir kamen am Hof unser Lieblingsfeindin Frau Bach vorbei und sahen ihre Kühe etwas abseits der Gebäude auf der Wiese grasen. Im Film hatten wir Zorro auf einem feurigen Hengst reitend erlebt und da wir wohl noch in unserem Cowboytraum waren, konnten wir der Versuchung nicht wiederstehen, unsere Reitkünste auf einer Kuh auszuprobieren. Ich hatte die Aufgabe, die Kuh mit einem Büschel Löwenzahnblätter abzulenken, während Alex versuchte, auf deren Rücken zu springen. Das Tier war überhaupt nicht begeistert und sprang auf die Seite. Auch der zweite Versuch scheiterte und es lief, die Augen rollend, davon. Mit viel Geduld und mehr Löwenzahnblätter, lotsten wir eine andere Kuh an den Holzzaun heran. Alex kletterte auf die oberste Sprosse und sprang mit einem kühnen Satz auf deren Rücken. Nachdem die Kuh wie von der Tarantel gestochen über die Wiese geschossen war, verlor Alex irgendwann das Gleichgewicht. Er fiel sehr elegant in eine größere Ansammlung von Kuhfladen. Daraufhin verlor ich jede Motivation, meine Reitkünste zu demonstrieren. Wir verbrachten den Rest des Tages damit, seine Sonntagskleidung zu säubern.

Im Herbst fand im Ort ein großes Reitturnier statt. Ich zog meine schwarzen Gummistiefel und enge Hosen an und begab mich zum Turnierplatz. Wenn ich Glück hatte, würde ich vielleicht eine Reitgelegenheit ergattern.

Nachdem ich mich einige Zeit dort erfolglos herumgetrieben hatte, kam ein Mädchen mit ihrem Pferd auf mich zu, gab mir die Zügel und sagte: »Führ sie eine halbe Stunde herum, damit sie abkühlt.« und ging weg. Sie muss mich für eine Stallhilfe gehalten haben – da stand ich nun mit einem wunderschönen Pferd – ich war total begeistert. Brav führte ich die Stute in einem großen Kreis um das Areal. Sie roch so gut, nach Pferdeschweiß, Stall und Heu – ich war im siebten Pferdehimmel. Als ich die

Stute nach einer halben Stunde zurückbrachte, fragte mich ihre Besitzerin, ob ich später nochmals vorbeikommen könnte, um ihr beim Absatteln und Striegeln zu helfen. Ich hätte sie umarmen können. Jedenfalls bekam ich am Ende des Tages 5 DM Trinkgeld. Mir war sofort klar, dass dies mein Nebenverdienst im Winter sein würde. Von dort an war kein Stall mehr vor mir sicher. So oft ich konnte verbrachte ich Zeit im Reitstall und half beim Ausmisten und bei der Pferdepflege.

Montags führte mich mein Weg wieder zur Post.

Meine geliebte Oma starb im August 1960 – ich vermisste sie sehr. Mir war bewusst, dass ich die Person verloren hatte, die mich am besten gekannt und vielleicht am meisten geliebt hatte. Das machte mir schwer zu schaffen.

Im Herbst desselben Jahres hatte ich ein Schlüsselerlebnis, welches mein Leben enorm beeinflusste. Ich wechselte von der Hauptschule in die Städtische Wirtschaftsschule und konnte endlich, endlich richtig Englisch lernen.

In unserer Nachbarschaft wohnte eine amerikanische Familie mit zwei kleinen Kindern. Naiv wie ich war, hatte ich mir schon öfters überlegt sie einmal anzusprechen, ob sie vielleicht meinen Vater kannten. Aber ich hatte Angst, weil ich mich noch nicht gut auf Englisch ausdrücken konnte und so blieb es dabei, dass ich sie öfters aus der Ferne beobachtete.

Eines Nachmittags läutete es an unserer Wohnungstür und als meine Mutter öffnete, stand da die nette Amerikanerin. Sie stellte sich vor als Charlene aus Tennessee und fragte, ob sie einmal hereinkommen dürfte. Meine Mutter war zunächst nicht besonders einladend, aber sie bat sie dann doch in die Küche. Charlene erzählte, dass sie gelegentlich für ein paar Stunden einen Babysitter für ihre Kinder suchte und fragte, ob ich Interesse hätte und ob es meine Mutter erlauben würde. Ich hielt den Atem an, denn ich wollte unbedingt diesen Job, aber ich hatte Angst, meine Mutter würde dagegen sein. Wie durch ein Wunder war sie einverstanden und ich hatte meinen ersten Babysitter-Job.

»Fifty cents an hour!« – 50 Cent die Stunde – sagte Charlene. Das waren nach dem damaligen Wechselkurs 3 Mark und ganz schön viel Geld.

Während der Babysitter-Stunden studierte ich alles Amerikanische in Charlenes Wohnung – es war richtig aufregend. Zum ersten Mal in meinem Leben aß ich Cornflakes, Hershey-Schokolade, Popcorn und sah Papierteller auf dem Tisch anstatt Porzellanteller. Zum Einkaufen wollte Charlene in die Kaserne, sie nannte das ›on post‹ gehen und ich sollte mitkommen, um auf die Kleinen aufzupassen.

An diesem Tag fuhr ich zum ersten Mal in einem amerikanischen Auto. Ich dachte an meinen Traum und stellte mir vor, neben meinem Vater zu sitzen. Das Auto war türkisfarben, auf dem Kofferraumdeckel stand die Markenbezeichnung *Chevrolet*. Fahrer- und Beifahrersitze waren nicht getrennt, sondern eine Bank, die mit Leder bezogen war. Wir konnten bequem zu dritt vorne sitzen. Der Motor hatte einen angenehmen, tief brummenden Klang und es war ein schwebendes Fahrgefühl, wie auf der Kirmes in der Schiffschaukel. Ich hätte den ganzen Tag darin fahren können. Schließlich hielten wir an, Charlene rollte das Fenster herunter, ein behelmter Kopf schaute in das Wageninnere und nach einem »Ok!« ging vor unserem Auto der Schlagbaum hoch und wir fuhren auf das amerikanische Kasernengelände. Als ich mich umsah, erkannte ich den Zaun, an dem ich mit meinem Großvater vor einigen Jahren entlanggegangen war und Zigarettenkippen aufgesammelt hatte. Nur, dieses Mal war ich auf der anderen Seite.

Wir gingen in einen Laden – über der Tür stand *PX*. Das war der amerikanische Supermarkt. Charlene kaufte verschiedene Sachen ein, während ich auf die Kinder aufpasste. Dann packten wir alles in große braune Papiertüten und brachten sie zum Auto. Charlene meinte, wir müssten noch in die Snack Bar gehen, da könnten wir gleich zu Mittag essen. Es war eine Kantine mit grünen Metalltischen und Stühlen. Als ich die Snack Bar betrat, hatte ich plötzlich ein Gefühl der Vertrautheit; es war als wenn ich in meinem Zuhause angekommen wäre. Der Raum war bis auf den letzten Platz gefüllt mit Soldaten, die alle durcheinander redeten und lachten. Amerika fing hier für mich an – ich fühlte mich richtig wohl. »Möchtest du einen Hamburger oder einen Cheeseburger?« fragte Charlene. Sie hätte mich genauso fragen können, wie es auf dem Mond aussieht. Ich hatte keine Ahnung was sie meinte und zuckte nur mit den Schultern. Wenige Minuten später lag auf einem Teller vor mir ein großes, rundes Brötchen, gefüllt mit einer Bulette, Tomate, Salatblätter, Gurken und Zwiebeln und ich fragte mich, wie ich das alles in meinen Mund stopfen sollte. Ich entschied es so zu machen, wie andere an den Nebentischen und nahm tapfer das Riesenbrötchen in beide Hände, ignorierte das

Ketchup und die Mayonnaise, die an beiden Handballen herunter tropften, und biss herzhaft hinein. Mein erstes amerikanisches Essen!

Auf der Suche nach einem Platz, stand plötzlich ein Soldat von seinem Stuhl auf und deutete mir an ich solle mich setzen. Er lächelte dabei: »There you go Ma'am.« – Bitte schön, Madam. Als wir dann die Snack Bar verließen, hielt mir der gleiche Soldat höflich die Tür auf und ließ mich vorbei. In diesem Moment fühlte ich mich wie ein vollwertiger Mensch, ich fühlte mich respektiert und beachtet. ›Ma'am‹ – Madam hatte er mich genannt! Diese kleine Geste habe ich nie vergessen – es war ein weiterer Schritt auf der langen Reise zu meiner Identität.

Die Kaserne hatte mich in ihren Bann gezogen. Ich konnte es kaum erwarten, bis Charlene wieder in die *PX* einkaufen gehen musste. In einem der Gebäude war der sogenannte ›Service Club‹ untergebracht. Das war der Freizeitbereich der Soldaten. Es gab eine Leseecke, Billiardtische, eine Juke-Box und verschiedene Unterhaltungsspiele.

Eines Tages traf ich dort zu meiner Überraschung ein Mädchen aus meiner Klasse – Edith. Sie saß in einer Gruppe zusammen mit anderen Mädchen und Soldaten. Am nächsten Morgen in der Schule sprach sie mich an.

»Mensch Petra, ich wusste gar nicht, dass du auch einen Boyfriend in der Kaserne hast – hätte ich dir nicht zugetraut!«

Ich protestierte und sagte, dass ich dort aus einem anderen Grund gewesen sei. Sie grinste nur wissend und ließ mich stehen.

Wenige Tage nach meinem 14. Geburtstag lud mich Charlene in den Club ein und spendierte mir amerikanisches Eis und Donuts als nachträgliches Geburtstagsgeschenk. Wieder war Edith anwesend. Sie rief mich zu ihrem Tisch und stellte mich ihren Freunden vor. Charlene meinte, wenn ich bleiben wolle, könnte sie mich später wieder abholen. Gerne gesellte ich mich zu der freundlichen Gruppe, die hauptsächlich aus deutschen Mädchen und amerikanischen Soldaten bestand. Ich hatte zwar noch Schwierigkeiten, alles auf Englisch zu verstehen, aber es machte mir trotzdem riesigen Spaß und ich kam mir unheimlich erwachsen vor. Leider kehrte Charlene sehr spät zurück und als ich endlich zu Hause eintraf, wartete schon meine sehr wütende Mutter.

»Warum kommst du so spät? Wo warst du?«

»Ich war mit Charlene in der *PX*, das weißt du doch! Außerdem habe ich dort zwei Freundinnen aus der Schule getroffen und wir haben uns unterhalten!«

»Was haben diese Mädchen in der Kaserne gemacht?« war die nächste Frage.

Ich zögerte mit der Antwort, denn ich hatte instinktiv das Gefühl, dass ich nichts von den anwesenden Soldaten sagen sollte. Prompt kam die nächste Frage:

»Sind das Soldatenbräute?«

Ich schüttelte den Kopf.

»Petra, ich will nicht, dass du dich dort herumtreibst, amerikanische Soldaten sind kein guter Umgang. Ich verbiete dir ab sofort dort hinzugehen.«

»Nein, ich bleibe nicht weg, dort sind Menschen, die mich akzeptieren, die mich nicht als Bastard beschimpfen.«

Die blauen Augen meiner Mutter blitzten gefährlich. Ich kannte diesen Gesichtsausdruck. Tief in meinem Inneren sagte mir eine Stimme, dass es in Zukunft noch viel Ärger geben würde, denn ich war nicht bereit, den Ort zu meiden, an dem ich mich wohler fühlte als irgendwo sonst, an dem ich mich als Mensch akzeptiert sah.

»Willst du dass die Leute noch mehr mit Fingern auf mich zeigen, weil du dich mit Soldaten einlässt? Ich habe schon genug Probleme wegen dir. Was ist, wenn du eines Tages von so einem schwanger bist?«

Jetzt war ich richtig zornig. So oft hatte ich von ihr gehört, dass ich ihr Problem war. Und was unterstellte sie mir jetzt? Verletzt entgegnete ich:

»Du hast überhaupt kein Recht, mir Vorwürfe zu machen – sieh dich selbst an! Meinst du, ich weiß nicht Bescheid? Ja, ich weiß wer mein Vater ist – er ist Amerikaner, ein Soldat, nicht wahr? Wie lange willst du noch warten, mir die Wahrheit zu sagen? Ich habe ein Recht darauf!«

Meine Mutter war plötzlich sehr still. Sie starrte mich einfach nur an. In ihrem Minenspiel konnte ich erkennen, dass sie nach Fassung rang.

»Woher weißt du, dass dein Vater Amerikaner ist?«

Ich trat einen Schritt zurück.

»Das weiß ich eben!« sagte ich trotzig.

Nach einigen Minuten, die mir wie eine Ewigkeit vorkamen, ging sie ins Schlafzimmer und holte den mir sehr vertrauten Karton hervor, kramte darin bis das Bild zum Vorschein kam, welches sie und Peter auf der Verandatreppe vor dem Club zeigte.

»Hier,« sie zeigte auf den Mann – »sieh ihn dir an, das ist dein Vater, er heißt Peter.«

Ich nahm die Fotografie an mich, und wirkte erstaunt, als sähe ich sie zum ersten Mal.

»Er sieht gut aus. Wie alt ist er auf dem Bild?«

»22«

»Wie hast du ihn kennengelernt?«

»Im Club. Er hat mir sofort gefallen, er hatte viel Humor, sein Lachen versprühte gute Laune und oft hat er Blödsinn gemacht! Alle Angestellten mochten ihn, denn er war immer hilfsbereit und behandelte sie ebenbürtig, was man von manchen Amerikanern nicht behaupten konnte!«

Ich hing förmlich an ihren Lippen und wollte noch mehr über ihn hören. Langsam bestätigte sich das Bild, das ich mir selbst zusammengebastelt hatte. Was meine Mutter bisher erzählte, gab mir ein gutes Gefühl – es wertete mich auf – ich war der Spross eines netten Menschen!

»Und weiter ...?« drängte ich sie.

»Peter war italienischer Abstammung, seine dunklen Haare, braunen Augen und wohlgeformte Nase brachten dies besonders zum Ausdruck. Er hatte schöne, schlanke Hände und etwas krumme Beine« sagte sie lächelnd. »Ja, ich habe mich in ihn verliebt und ich glaube, er liebte mich auch.«

»Was ist dann passiert? Wo ist er jetzt?«

Sie senkte den Blick während sie einige der Briefe aus dem Karton hob.

»Ich weiß nicht wo er ist. Alle diese Briefe, die du hier siehst, habe ich ihm geschrieben und bis heute keine Antwort bekommen. Ich habe ihm gesagt, dass ich ein Kind erwarte und um ihm eine Freude zu machen, habe ich für dich den Namen Petra ausgesucht. Sie holte einen kleinen Zettel hervor, auf welchen er in Blockbuchstaben seinen Namen und seine

Adresse in USA geschrieben hatte. ›Schreib mir Helen, ich schreibe dir bestimmt zurück‹, hat er gesagt, als er Deutschland verlassen musste. Ich verurteile ihn nicht,« fügte sie hinzu »und inzwischen denke ich auch nicht mehr so oft an ihn!«

Aus einem Umschlag holte sie ein Schreiben des Jugendamtes, welches bestätigte, dass sie Peter Fontano als meinen Vater angegeben hatte.

»Ich will ihn suchen, Mama!«

»Nein, lass gut sein, er wollte nichts von uns wissen, sonst hätte er meine Briefe beantwortet. Die Verantwortung war ihm wohl zu groß!«

Sie legte den Deckel auf den Karton mit Briefen, als wollte sie die Vergangenheit einschließen.

»Jetzt wirst du verstehen, warum ich nicht will, dass du mit amerikanischen Soldaten in Kontakt kommst.«

Wie gut, dass dieses Gespräch endlich stattgefunden hatte, denn ich konnte endlich offen über meinen Vater sprechen. Ab diesem Zeitpunkt ließ ich meiner Mutter keine Ruhe mehr, bis sie mit mir ihre alten Freunde besuchte, die meinen Vater gekannt hatten. Egal wen ich über ihn ausfragte, ich erhielt immer die gleiche Auskunft: Peter war ein netter junger Mann gewesen.

Was tun, überlegte ich. In mir reifte der Entschluss, ich würde einen Brief an meinen Vater schreiben. Vielleicht wohnte er noch bei dieser Adresse, vielleicht hatte er die Briefe meiner Mutter nicht bekommen, vielleicht wusste er nichts von mir, vielleicht würde er sich freuen, eine Tochter zu haben. Oder doch nicht? Ach, ich war verzweifelt und gleichzeitig hoffnungsvoll motiviert.

Meine Mutter sagte: »Mach dir nicht zu viele Hoffnungen. Er hat auch mir nicht geschrieben, warum sollte er es jetzt tun?«

Ich musste es versuchen.

Wie oft ich ansetzte den Brief zu schreiben, wie oft ich diesen zerriss, neu anfing, wieder zerriss, Tage und Nächte damit verbrachte, ihn neu zu formulieren, weiß ich nicht mehr.

Sehr geehrter Herr Fontano, oder sollte ich Sie Peter nennen?

Vielleicht sind Sie erstaunt, einen Brief von mir zu erhalten. Von jemandem, den Sie gar nicht kennen. Mein Name ist Petra und ich bin 14 Jahre alt. Ich wurde im Juni 1947 in Schwabach geboren. Dort waren Sie 1946 Soldat. Meine Mutter heißt Helen – bestimmt erinnern Sie sich an sie. Als Sie aus Deutschland weggingen, hinterließen Sie meiner Mutter diese Adresse. Sie hat Ihnen geschrieben, um Sie zu informieren, dass Sie ein Baby, ein Mädchen, geboren hat und dass Sie der Vater sind. In wenigen Worten, ich – Petra – bin Ihre Tochter.

Ich weiß nicht, warum Sie die Briefe meiner Mutter nie beantwortet haben, aber ich hoffe, Sie werden diesen beantworten. Ich möchte so gerne auch einen Vater haben, genauso wie die anderen Kinder. Bitte denken Sie nicht, dass ich Ihnen Probleme machen möchte. Ich wäre schon glücklich, wenn Sie mir wenigstens antworten würden.

Viele Grüße

Petra

Ich steckte den Brief in einen blauen Luftpostumschlag und brachte ihn zur Post. Dann begann das Warten. Mehrmals am Tag ging ich zum Briefkasten. Von Woche zu Woche schwanden meine Hoffnungen immer mehr, bis ich schließlich einsehen musste, dass wohl keine Antwort von Peter kommen würde. Was nun? In meiner Verzweiflung bat ich Charlene, mich am Sonntag in die amerikanische Kirche mitzunehmen. Ich hatte eine Idee.

Nach dem Gottesdienst verabschiedete der Pfarrer jeden Besucher per Handschlag und als ich an der Reihe war fragte ich ihn, ob ich etwas bleiben könnte, um mit ihm zu sprechen. Er war sehr freundlich. Wir setzten uns in die Pfarrei und ich erzählte ihm meine Geschichte.

Er war sehr nachdenklich und bat darum, ihm etwas Zeit zu geben um ein paar Nachforschungen anzustellen. Wenn ich am nächsten Sonntag wieder in den Gottesdienst käme, würde er vielleicht etwas sagen können. Große Hoffnungen wollte er mir aber nicht machen – es war schon sehr viel Zeit vergangen.

Eine Woche später fand ich mich wieder in der Kirche ein und Pfarrer Dawson berichtete mir, dass er sich mit dem Department of the Army, der Militärverwaltung, in Verbindung gesetzt hatte. Man hatte ihn nach Peters Sozialversicherungsnummer, Social Security Number oder Army Serial Number gefragt, die Pfarrer Dawson nicht angeben konnte. Also fragte ich meine Mutter, die alle ihre Briefe und Notizen durchforstete, aber eine solche Nummer war nirgends angegeben. Ich war wieder in einer Sackgasse gelandet. Trotzdem gab ich die Hoffnung nicht auf.

LEE

Eine meiner Mitschülerinnen, Dani, hatte Geburtstag und lud mich zu ihrer Party ein. Sie war zwei Jahre älter als ich, hatte im Gymnasium eine Ehrenrunde gedreht und war dann in die Wirtschaftsschule gewechselt. Der Haken war allerdings, dass die Party im Service Club stattfinden würde, denn Dani hatte einen amerikanischen Freund. Ich vermutete, dass meine Mutter das nie erlauben würde und so erzählte ich ihr kurzerhand nur, dass mich eine Mitschülerin eingeladen hätte. Es war ja auch nicht gelogen.

Der Service Club war proppenvoll. Ein junger Soldat namens Lee wollte mir beibringen, wie man Pool-Billard spielt. Es war zu komisch, denn ich spießte mehr Leute mit dem Queue auf, als dass ich die Kugel traf. Lee war ein geduldiger Lehrer. Wir lachten beide über meine vergeblichen Versuche. Dani saß mit ihrem Boyfriend Marlin eng umschlungen in einer Ecke, Eva hielt Händchen mit ihrem Gordon und ich kam mir vor wie das fünfte Rad am Wagen. Jemand schlug vor, in den Club zu gehen, um Pizza zu essen, was wir sofort in die Tat umsetzten. Ich stellte mit Freude fest, dass Lee neben mir Platz nahm.

»Warst du schon mal hier, Petra?« fing er ein Gespräch an.

»Nein, noch nie. Nur in der PX, im Service Club und der Snackbar.«

Ich erzählte ihm von meinem Babysitter-Job bei Charlene und dass ich bisher nur mit ihr in die Kaserne gekommen war.

»Verstehe – ich dachte du hast auch einen Boyfriend, wie die anderen beiden Mädchen.«

Ich schüttelte den Kopf und mein Gesicht wurde gleichzeitig puterrot. Warum, wusste ich in diesem Moment auch nicht.

»Das muss dir nicht peinlich sein« meinte Lee, »entschuldige, dass ich so neugierig bin.«

Ich studierte ihn etwas verstohlen von der Seite. Schon auf dem Weg zum Club hatte ich bemerkt, dass er fast zwei Köpfe größer war als ich, sein blondes Haar war kurz geschnitten und in der grünen Uniform steckte ein athletischer Körper.

»Und du, Lee, wie lange bist du schon in Deutschland?«

»Ein halbes Jahr!«

»Wo in Amerika bist du Zuhause?«

»Ich komme aus West Virginia. Noch vor Abschluss der High School habe ich mich zum Militär gemeldet und nach der Grundausbildung bin ich hierher versetzt worden!«

Ich kalkulierte, er müsste 18 Jahre alt sein.

»Aber ich mache den Abschluss jetzt nach« fügte er, wie entschuldigend hinzu. Es schien, als ob uns der Redestoff nie ausgehen würde. Ein Thema folgte dem anderen. Die Zeit verging rasend schnell – ich wünschte, der Tag hätte erst angefangen und ich dürfte alles nochmal erleben.

Bald musste ich mich auf den Weg machen, denn um 20 Uhr hatte ich zu Hause zu sein. Lee begleitete mich zum Ausgang, über den Kasernenhof, über die Straße vor dem Tor und ehe ich mich versah, hatte er meine Hand in die seine genommen. Es war ein angenehmes Gefühl – trotzdem flößte es mir etwas Angst ein. Mein Unterbewusstsein sagte mir, dass ich auf dem Weg war, mir Probleme zu schaffen, denn ich hatte die warnenden Worte meiner Mutter noch im Ohr. Es war inzwischen dunkel geworden, Lee hatte seinen Arm um mich gelegt und zog mich näher an seine Seite heran. ›Er mag mich‹ dachte ich. Noch nie war ich einem Mann so nahe gewesen. Es war eine völlig neue Erfahrung. Ich wagte es, meinen Arm um seine Taille zu legen und fühlte eine Vertrautheit, die ich bisher nie gekannt hatte. Nach knapp einer halben Stunde erreichten wir die letzte Kreuzung vor meinem Haus.

»Lee, bitte, ich muss die letzten Meter alleine weitergehen. Meine Mutter darf nicht sehen, dass mich ein amerikanischer Soldat begleitet!«

»Warum, mag sie keine Amerikaner?«

»Es ist eine lange Geschichte, sie zu erzählen, dafür ist jetzt keine Zeit mehr!«

Er nahm mein Gesicht in beide Hände und drückte seine Lippen ganz sachte auf die meinigen. Ich stand ganz still und wusste nicht, wie mir geschah. Mein ganzer Körper fühlte sich an, als würden Ameisen darauf tanzen, so sehr kribbelte es an mir.

»Gute Nacht, Petra – wann sehen wir uns wieder?«

Um Fassung ringend flüsterte ich: »Ich weiß es nicht, aber hoffentlich bald. Ich würde mich freuen!«

»Ich mich auch und dann kannst du mir mehr von dir erzählen!«

Mit einem Winken verschwand er in die Nacht. Der kurze Weg zu unserem Haus ließ mir Zeit, mich etwas zu fassen. Den Kuss spürte ich noch lange auf meinen Lippen, auch die Gänsehaut wollte nicht weggehen.

Die nächsten Monate waren aufregend und gleichzeitig schwierig. Inzwischen war Lee sozusagen mein Boyfriend, wobei sich unsere Beziehung auf süße Küsse und Händchenhalten beschränkte. Es bedurfte sehr viel Phantasie, meinen Eltern gegenüber immer etwas Neues erfinden, damit ich mir entsprechenden Freiraum schaffen konnte, um Lee zu treffen. Ein ganzes Jahr hielten wir so durch. Wir verabredeten uns an der Parkbank neben der Kaserne, verbrachten Stunden mit Spaziergängen im Wald, wo ich sicher war, dass uns niemand zusammen sah.

Lee
und
Petra

Tolle Sommertage folgten, wir schwammen in der Rednitz, besuchten den Zoo in Nürnberg, saßen oft stundenlang im Gras am Bahndamm oder trafen uns manchmal in der Wohnung einer Freundin. Wir hatten einander gesucht und gefunden. Lee, war meine große Liebe und ich die seine. Oft malten wir uns aus, wie es wohl sein würde, wenn wir heirateten – denn darüber waren wir sowieso einig – wo wir wohnen und eine Familie gründen würden. Es war undenkbar, dass uns irgendetwas auseinander bringen könnte.

Leider wurde es immer problematischer, mein Geheimnis zu wahren. Mutters Adleraugen entging nichts und natürlich hatte sie gemerkt, dass ich mich veränderte. Ich war darauf bedacht, in der Schule gute Noten zu schreiben, um keiner Kritik ausgesetzt zu sein und ich war immer pünktlich. Doch ich hatte eine Vorahnung. Es geschah an einem Sonntag, meinem 15. Geburtstag. Meine Mutter hatte eine Torte gebacken, Wilhelm schenkte mir ein Buch ›Das Leben des Albert Schweitzer‹, welches ich mir gewünscht hatte und wir feierten meinen Ehrentag im kleinen Kreis der Familie. Kaum hatte ich meinen Kuchen verzehrt, verabschiedete ich mich eilig.

»Ich treffe mich mit meinen Freundinnen in der Stadt!«

Wilhelm blickte auf die Uhr, schaute etwas erstaunt, sagte aber nichts. Wir trafen uns in einer Kneipe – Dani, Eva, deren Boyfriends und natürlich kam Lee auch dazu. Es gab ein großes Hallo. Die Juke-Box wurde mit Münzen gefüttert und bald tanzten wir ausgelassen zu der lauten Musik. Plötzlich stand Wilhelm mitten im Raum – er musste mir von zu Hause gefolgt sein. Bestimmt war er misstrauisch geworden, weil ich mich so schnell verabschiedet hatte. Ich stand gerade mit Lee eng umschlungen auf der Tanzfläche. Jetzt gab es kein Entrinnen mehr. Das Schlimmste war, dass Wilhelm uns nur anstarrte und mich lediglich mit einer Geste aufforderte mitzukommen. Ich sah Lee an, und verließ wortlos die Kneipe.

Zu Hause angekommen gab es dann richtig Krach.

»Was erlaubst du dir eigentlich? Gerade du musst auf unseren Ruf bedacht sein. Mit einem Soldaten treibst du dich herum. Einem Amerikaner! Habe ich nicht schon genug mitgemacht, wegen dir? Wehe du machst so weiter und kommst mit einem Kind heim – ich ziehe es nicht groß. Ich stecke dich ins Heim!« schrie meine Mutter.

Ich versuchte mich zu verteidigen und schrie zurück: »Ich habe mir nichts zu Schulden kommen lassen und mit einem Kind werde ich nie kommen – ich will nicht, dass mein Kind auch eines Tages verhöhnt und bespuckt wird!«

Klatsch! Die Ohrfeige landete an meinem Kopf.

»Geh mir aus den Augen, du Bastard!«, schrie sie.

Genau das machte ich auch und schloss mich in mein Zimmer ein.

Wie hatte sie mich bezeichnet? ›Bastard – und habe ich nicht schon genug mitgemacht, wegen DIR!‹ Wieso wegen mir – warum war ich schuld? Das wollte mir nicht in den Kopf. ›In ein Heim‹ – das fehlte mir noch! Dann könnte ich meine Nebenjobs nicht mehr verfolgen und wie könnte ich dann für meine Amerika-Reise sparen. Lee würde ich auch nicht wieder sehen – wenn das in Zukunft überhaupt noch möglich war.

Am nächsten Tag gab es einen Familienrat.

»Petra, wir müssen nochmals über dein Verhalten reden. Du triffst dich heimlich mit einem Soldaten, obwohl ich das verboten habe!« fing meine Mutter das Gespräch an.

»Wenn ich 18 bin ...!« Ich nahm meinen ganzen Mut zusammen und verkündete: »heirate ich Lee und gehe nach Amerika!«

Mein Stiefvater hielt sich meistens zurück, wenn es um mich ging, aber jetzt wollte er es doch wissen.

»Amerika? Wie stellst du dir das vor, was glaubst du was das kostet?«

»Es kostet 2000 DM – ich habe mir das genau ausgerechnet!«

»Gut ...«, er lächelte etwas mitleidig »wenn du 18 bist und 2000 DM auf den Tisch legst, kannst du nach Amerika fahren!« Er war sich seiner sehr sicher, denn er dachte, wie sollte sie so viel Geld auftreiben?

Meine Mutter, die sich für die Ohrfeige aber nicht für den ›Bastard‹ entschuldigt hatte, wechselte das Thema und schlug vor, dass ich Lee zu uns nach Hause einlade, damit sie ihn kennenlernen könnten. Ich war überglücklich und die nächsten Monate waren wie ein Traum. Natürlich konnte er nur nach Einbruch der Dunkelheit kommen, weil meine Mutter den Tratsch in der Nachbarschaft fürchtete. Außerdem war ich noch minderjährig, was sowohl für meine Eltern als auch Lee gefährlich war. Hätte irgendjemand das Jugendamt informiert, wäre es zu ernsthaften Schwierigkeiten gekommen.

Gerade weil ich auf meinen Ruf bedacht war und weil ich mir vorgenommen hatte, nie in die Fußstapfen meiner Mutter treten zu wollen, hielt ich mich an die Spielregeln. Das war allerdings auch nur deshalb möglich, weil Lee ein sehr einfühlsamer junger Mann war, der mich respektierte und mich nicht drängte. Alles schien gut zu laufen, bis nach unserem gemeinsamen Aufenthalt in Weiden. Meine Mutter hatte dort Kontakt zu einer Freundin namens Gabi, die auch meinen Vater gekannt hatte. Gabi lud uns freundlicherweise ein und so fuhren wir – meine Mutter, Lee und ich – an einem Wochenende mit der Bahn nach Weiden.

Lee und ich waren überglücklich, weil wir uns ausnahmsweise ohne Probleme, fern von Schwabach, frei bewegen konnten. Gabi gab alle ihre Erinnerungen an Peter preis, was mir das Gefühl vermittelte, dass ich ihm wieder ein Stückchen näher gekommen war.

Dank der Tatsache, dass sie ein großes Haus bewohnte, hatte jeder ein Zimmer für sich. Trotzdem schafften Lee und ich ein paar Stunden gemeinsam zu kuscheln. Manchmal überlegte ich, wie lange er das durchhalten würde. Er war ein Mann und ich war noch ein halbes Kind. Irgendwann, befürchtete ich, würde es ihm zu dumm werden. Aber ich war fest entschlossen, kein Risiko einzugehen. Oder – vielleicht war ich nur so stur, weil ich Angst hatte, schwanger zu werden und alle würden sagen ›wie die Mutter, so die Tochter!‹

Einige Wochen später wartete ich wie üblich an unserem Treffpunkt. Von Lee war weit und breit nichts zu sehen. Zunächst machte ich mir keine Gedanken. Es kam öfters vor, dass er über Nacht ins Manöver gezogen war. Die Woche darauf wiederholte sich das Gleiche – ich hatte ihn auch telefonisch nicht erreichen können. Irgendwie war er wie von der Bildfläche verschwunden.

Eines Nachmittags stand er plötzlich vor meiner Schule. Mit einer Geste deutete er mir an, ihm zu folgen. Ich freute mich sehr, dass er gekommen war. Doch als er dann vor mir stand, sollte die Freude nicht lange währen.

»Petra, ich muss dir etwas sagen!« er blickte über meinen Kopf hinweg, schluckte mehrmals, sah mich dann an, mit einem Gesichtsausdruck, den ich noch nie bei ihm gesehen hatte. »Wir können uns nicht mehr sehen. Es tut mir so furchtbar leid, aber es geht nicht mehr. Bitte frag mich nicht warum, eines Tages wirst du es verstehen.«

Ich verstand erst einmal gar nichts und starrte ihn nur an. Er hatte Tränen in den Augen. Hatte ich richtig verstanden? Er machte jetzt Schluss mit mir und weinte dabei. Ich versuchte ihn umzustimmen, fragte immer wieder warum, aber es kam immer die gleiche Antwort.

»Petra, bitte, ich kann es dir nicht sagen, aber es geht nicht mehr. Du bist nicht der Grund, du kannst nichts dafür. Eines Tages – wenn die Zeit reif ist, wirst du es erfahren!«

Er hob kurz die Hand, es sollte wohl seinen Abschied andeuten, drehte sich um und lief schnellen Schrittes auf die gegenüberliegende Straßenseite.

Ich blickte ihm hinterher, konnte seine Worte immer noch nicht fassen. Hier ging meine große Liebe, der einzige Mensch der mich verstanden hatte, der mich als Person, nur mich, so wie ich war, angenommen hatte, mit dem ich eine Zukunft plante, den ich über alles liebte.

Mein Herz war gebrochen, alles schien plötzlich sinnlos zu sein. Ich machte mir Vorwürfe, weil ich ihn auf Distanz gehalten hatte. Vielleicht war das ein Fehler gewesen. Die anderen Mädchen hatten es ja auch ›gemacht‹. Aber ich war doch erst 15 … was wäre, wenn? Als ich schweren Herzens meinen Eltern von unserer Trennung erzählte, sah ich Erleichterung bei meinem Stiefvater und bei meiner Mutter einen Hauch von Triumph oder hatte ich mir das nur eingebildet?

Ich steuerte auf mein letztes Jahr in der Wirtschaftsschule zu. Zu allem Überfluss kam meine Mutter auf die Idee, mich bei der Tanzschule Federlein für den neuen Tanzkurs anzumelden. Jedes Mädchen sollte tanzen können – das gehörte einfach zum guten Stil. Obwohl ich diesen Vorschlag, der sich wie ein Befehl anhörte, als blöd empfand, willigte ich ein, um meine Ruhe zu haben. Dass ich mich ab sofort von der amerikanischen Kaserne und den GIs, wie man sie nannte, fernzuhalten hatte, war eine Selbstverständlichkeit.

Also ging ich zum Tanzkurs. Ich hasste schon die Tatsache, dass ich einen Rock und Pumps tragen musste. Da standen wir nun, die Mädchen aufgereiht wie Zaunpfähle, und versuchten mit versteckten Blicken die Jungs zu begutachten. Dann wurden die Herren aufgefordert, sich bei den Damen vorzustellen und zum ersten Tanz zu bitten. Ich kam mir vor wie bei einer Versteigerung. Am Ende der ersten Tanzstunde war ich die Partnerin von Willy, den ich von ganzem Herzen ablehnte. Er hatte schwitzige Hände und Mundgeruch.

Nach einiger Zeit spürte ich, dass sich meine Eltern langsam in Sicherheit wähnten, hatte ich doch einen netten deutschen Jungen kennengelernt, und vielleicht würde mich das in eine andere Richtung steuern. Ich ließ sie in dem Glauben.

Mein Stolz war immer noch gekränkt – warum hatte Lee nicht verstehen können, dass ich stark sein musste. Er war der nächste, der mich verlassen hatte. Er und Peter! Einer würde mich bestimmt verstehen – Alex.

Ich hatte ihn in letzter Zeit ziemlich vernachlässigt, denn ich war so sehr mit meinem Versteckspiel beschäftigt gewesen, dass wir uns kaum gesehen hatten. Nach der Schule wartete ich auf ihn und wir radelten zusammen nach Hause. Bis wir an seinem Gartentor ankamen, hatte ich ihm mein ganzes Leid geklagt und war sicher, Trost zu finden. Alex hatte die ganze Zeit kein Wort gesagt. Er stieg vom Fahrrad ab, schaute mich an, seine blauen Augen blitzten vor Wut.

»Wenn du dich mit diesen Scheiß-Amis – unseren Feinden – nicht eingelassen hättest, wäre dir das nicht passiert! Du bist nicht besser als deine Mutter!«

Er ließ das Fahrrad fallen, rannte ins Haus und schlug die Tür hinter sich zu.

Ich stand lange Zeit davor, unfähig etwas zu sagen, unfähig zu denken. Hatte ich mich verhört? Hatte er das wirklich gemeint? Hatte ich etwas falsch gemacht? Als ich so da stand mit hängendem Kopf, den Tränen nahe, fiel mein Blick auf Alex' Fahrrad. Auf das Schutzblech des Hinterrades hatte er ein Hakenkreuz gemalt. Ja, jetzt war mir alles klar – sein Großvater hatte gewonnen und die Ära Alex war auch vorbei. Nummer Drei hatte mir den Laufpass gegeben.

September 1962 – mein letztes Schuljahr in der Wirtschaftsschule. Ich stürzte mich in die Vorbereitung zur Abschlussprüfung und versuchte, meinen Herzschmerz zu vergessen. Kurz vor Weihnachten eröffneten mir meine Eltern, dass wir im kommenden Jahr in einen Vorort von Nürnberg umziehen würden, da Wilhelms Arbeitgeber seinen Hauptsitz dorthin verlagert hatte Ich war schockiert und sträubte mich erfolglos gegen diese Pläne. Nach dem Zwischenzeugnis begann ich Bewerbungen zu schreiben. Es gab genügend Jobs – jeden Samstag studierte ich die Stellenanzeigen. Schließlich unterschrieb ich zum 1. August 1963 einen Vertrag als Stenokontoristin bei einer Import-Export-Firma in Nürnberg, mit dem vielsagenden Namen *Federated Merchandise Corporation, New York*. Wahrscheinlich hatte mich der Name gereizt, bezog er sich doch auf Amerika. Meine Eltern waren sehr skeptisch – sie konnten mit dem Begriff Import/Export nichts anfangen. Schon die Tatsache, dass New York in dem Firmennamen auftauchte, machte sie misstrauisch.

Es begann eine sehr interessante Zeit für mich. Meine Firma exportierte alle Arten von Konsumgütern, wie Spielwaren, Haushaltsgeräte oder Geschenkartikel, in die USA und arbeitete mit sehr großen amerikanischen Warenhäusern zusammen. Ich bewunderte meine Kollegen, die unsere Kunden aus Übersee betreuten. Die Einkäufer der Warenhäuser kamen zweimal im Jahr nach Europa. Die sogenannten Market Reps begleiteten sie und assistierten in allen Fragen hinsichtlich Warenangebot und Auftragsabwicklung. Eines Tages wollte ich zur Position des Market Rep aufsteigen – das war mein Ziel.

Ich war 16 Jahre alt und mit diesem neuen Lebensabschnitt begann für mich der Countdown. An meinem Geburtstag kaufte ich mir einen Kalender und fing an, die Tage rückwärts zu zählen. Es begann mit 730 Tagen – jeden Morgen durchkreuzte ich eine Zahl! Es lagen nur noch zwei Jahre vor mir bis zu meinem 18. Geburtstag – und Amerika.

Mein erstes Gehalt betrug, nach Abzug der Steuern und Sozialleistungen, 270 DM netto. Meine Eltern bestanden auf 70 DM ›Logisgeld‹, so verblieben 200 DM. Davon behielt ich 50 DM für Bahnfahrt und kleine Extras – den Rest zahlte ich auf mein Postsparbuch ein. Dort hatte sich bereits eine stattliche Summe angesammelt.

Ich geizte mit jedem Pfennig. Sehr gern las ich die Zeitschrift *Bravo* – damals die meistgekaufte Zeitschrift für junge Leute. Um diese Ausgaben zu sparen, drückte ich mich immer im Zeitungskiosk am Bahnhof herum und las die *Bravo* im Schnellgang gratis. Auch Fahrscheine für die Straßenbahn waren ein Luxus, deshalb wurde ich zu einer risikofreudigen Schwarzfahrerin.

Der Kaffee im Büro kostete 20 Pfennig. Ich verzichtete. Manchmal spendierte mir unsere Buchhalterin eine Tasse. Als einzigen Luxus gönnte ich mir am Zahltag das monatliche Mittagessen – ich ging mit meinen

Kollegen zu *Marios Pizzeria* in der Königstrasse. Die Pizza Speziale kostete 6,50 DM!

Nicht weit von meiner Firma befand sich das Amerika-Haus Nürnberg. Es war ein besonderer Anziehungspunkt für mich. Dort gab es eine Bibliothek mit vielen englischsprachigen Büchern, geographischen Karten von Amerika und tollen Bildbänden. Interessant waren für mich die Telefonbücher amerikanischer Städte. Eines Tages begann ich, die dicken Bücher der Städte an der Ostküste, um Philadelphia herum, zu durchforsten und schrieb mir die Namen und Adressen aller Einträge namens Peter Fontano heraus. Vielleicht war die Adresse, die er meiner Mutter gegeben hatte, falsch gewesen und ich hatte deshalb keine Antwort bekommen oder vielleicht war er umgezogen.

Dann begann ich an diese Adressen Briefe zu schreiben.

Sehr geehrter Herr Fontano,

es tut mir leid Sie zu belästigen, aber vielleicht können Sie mir helfen.

Mein Name ist Petra und ich bin auf der Suche nach meinem Vater Peter Fontano. Sollten Sie derjenige sein, der in der Zeit von 1945 bis September 1946 in Deutschland in Schwabach. stationiert war und eine Freundin namens Helen hatte, setzen Sie sich bitte mit mir in Verbindung. Sollten Sie diese Person nicht sein, dann entschuldigen Sie bitte, dass ich Sie angesprochen habe.

Ihre
Petra

Es waren sehr viele Briefe und es vergingen wieder Wochen des Hoffens und Wartens. Es kamen wenige Antworten – und die, die kamen, waren negativ. Eine Antwort erregte meine besondere Aufmerksamkeit – sie hatte etwas Komisches, ja, Aggressives an sich. Der Brief hatte keinen Absender und war in einem Vorort von Philadelphia abgestempelt:

Madam, leider der falsche Mann.
Bitte schreiben Sie nicht wieder an diese Adresse.
Mrs. Fontano und Söhne

Ich legte ihn vorerst zu den anderen Absagen.

Meine neue Heimat war eine Katastrophe. Ein 5000-Seelen-Dorf – es gab zwar zwei Wirtshäuser, aber sonst garnichts. Anfangs fuhr ich am Wochenende mit der Bahn nach Nürnberg und ging ins Kino. Da ich niemanden kannte, wurde ich es schnell leid. Dann kam ich auf die Idee etwas weiter, in meine geliebte Heimat, Schwabach, zu fahren. Schnell stellte ich den Kontakt zu meinen alten Freunden wieder her und ohne das Wissen meiner Eltern, verbrachte ich samstags – na wo wohl? – in der amerikanischen Kaserne.

Es war wie ein ›Homecoming‹ – hier fühlte ich mich wohl, eben zu Hause. Lee vermisste ich nach wie vor wahnsinnig. Ich hatte gehört, dass er mehrere Freundinnen hatte, ein Auto besaß und jedes Wochenende über die Stränge schlug. Das konnte ich mir beim besten Willen nicht vorstellen. Warum andere Freundinnen – warum nicht ich?

Kurz vor Weihnachten 1962 saß ich wieder einmal im Zug nach Schwabach.

»Hallo Petra, was machst du denn hier?!«

Ich blickte erstaunt hoch und erkannte Eva. Sie war in Begleitung eines Amerikaners namens Jack. Beide setzten sich zu mir und Eva erzählte, dass sie ihre Cousine – Jacks Verlobte – in Bayreuth besucht hätten. Ich erzählte ein wenig von meiner Situation, den Bruch mit Lee, worauf Jack meinte, dass er ebenfalls soeben den Laufpass von seiner Verlobten bekommen hätte und mir gut nachfühlen könnte.

In Schwabach angekommen, fuhren wir zusammen mit einem Taxi in die Kaserne und verbrachten einen geselligen Nachmittag.

Einige Wochen später traf ich Jack auf einem Faschingsball wieder.

»Petra, hi, schön dich wieder zu sehen!«

»Hi, Jack – na, wie ist es dir ergangen? Bist du über deine Enttäuschung weg, oder tut es noch weh?«

»Ach was, das Leben geht weiter, ich kann es nicht ändern. Ich würde dich gerne wieder treffen, Petra. Hast du Lust mal etwas zusammen zu unternehmen?«

»Warum nicht, wie wäre es nächste Woche – wir könnten uns in Nürnberg treffen!«

»Ja, das würde mich freuen!«

Ich hatte mich zum Führerschein angemeldet. Zweimal die Woche sollte ich abends zum theoretischen Unterricht gehen. Stattdessen traf ich mich mit Jack in Nürnberg. Während der Heimfahrt mit der Bahn, las ich ein Kapitel aus meinem Fahrschulbuch, um darüber referieren zu können, sollte mich Wilhelm nach dem Lehrstoff fragen. Misstrauisch wie er war, rief er eines Abends in der Fahrschule an und hörte, dass ich dort nur selten erschienen war. Natürlich gab es wieder einen Riesenärger. Wilhelm konfrontierte mich mit seinem Wissen: »Heute habe ich von deinem Fahrlehrer gehört, dass du nicht in den Unterricht kommst – warum?« Bevor ich antworten konnte mischte sich meine Mutter ein. »Ich habe mich schon lange gefragt, ob da wieder ein Ami im Spiel ist. Die Sonntage, die du angeblich in Nürnberg verbringst – triffst du dich wieder mit Lee?«

»Nein«, konnte ich guten Gewissens beteuern.

»Warum schwänzt du dann den Unterricht? Und mit wem treibst du dich in den Stunden herum?«

»Ach, ich hatte einfach keine Lust, ich kann den Stoff leicht aus dem Buch lernen!« Schnell verschwand ich in meinem Zimmer, um weiteren Fragen zu entfliehen.

Jack schrieb mir liebe Briefe an eine Postfachadresse. Wir änderten unsere Rendezvous-Zeiten, um meinen Eltern nicht noch mehr Anlass zu Misstrauen zu geben und ich ging brav in den Fahrschulunterricht.

Der Strichkalender war heruntergeschrumpft auf 90 Tage. Inzwischen hatte ich mir im Reisebüro die Fahrpläne der *Greyhound*-Busse besorgt und mich über die Preise informiert. Es gab Sondertarife für Touristen: *Greyhound-See-America-Ticket – 99 $ for 99 Days*. Das passte mir gut, denn ich hatte mir vorgenommen, so viel wie möglich von Amerika und Kanada zu sehen. Die isländische Fluggesellschaft *Loftleidir Icelandair* verkaufte Tickets Luxemburg – New York – Luxemburg für 1200 DM und *Lufthansa* flog für 140 DM Nürnberg – Frankfurt – Luxemburg.

Bei meinem Arbeitgeber hatte ich meinen Jahresurlaub angemeldet und um weitere vier Wochen unbezahlten Urlaub gebeten. Das stellte kein Problem dar. Das Guthaben auf dem Postsparbuch war langsam und stetig angewachsen.

Meine langjährigen Brieffreundinnen, Nancy in Illinois und Jenny in San Francisco, waren schon informiert. Im ersten Jahr auf der Wirtschaftsschule hatte unser Englischlehrer vorgeschlagen, dass wir uns eine oder mehrere englischsprachige Brieffreunde suchen sollten. Das würde unser Vokabular erweitern und wir würden mit dem Umgang der Sprache vertrauter werden. Ich hatte Charlene davon erzählt und sie hatte mir die Adresse ihrer Nichte Nancy gegeben, mit welcher bald ein intensiver Briefwechsel begann. Über meine Brieffreundschaft zu Nancy hatte ich auch Jenny kennengelernt. Außerdem hatte ich auch Kontakt zu Verwandten in Winnipeg, Kanada, aufgenommen. Im Amerika-Haus fand ich eine Liste aller YWCA-Jugendherbergen in den USA – von Küste zu Küste. Mein Ziel kam langsam näher.

Dann gab es ein Ereignis, mit dem ich nicht gerechnet hatte: Bei unserem nächsten Rendezvous überraschte mich Jack mit einem Ring und machte mir einen Heiratsantrag. Ich war gleichzeitig schockiert und erfreut, fühlte mich geschmeichelt und von jemanden geliebt, aber auch verzweifelt, weil mir eine Entscheidung abverlangt wurde, auf die ich nicht vorbereitet war. Was immer mir durch den Kopf ging in dem Moment als ich »Ja« sagte, ist schwer zu erklären. Vielleicht war es eine Retourkutsche an Lee, vielleicht bildete ich mir ein, wirklich in Jack verliebt zu sein, vielleicht war es die Tür zur Freiheit, weg von allem. Auf jeden

Fall war ich plötzlich verlobt. Der Ring brannte in meiner Hosentasche auf dem Heimweg – ich hatte wildes Herzklopfen.

In den nächsten Wochen planten wir unsere Zukunft. Dass meine Eltern nie einwilligen würden, war uns vollkommen klar. So reifte die Idee, zusammen nach Amerika zu fliegen, um dort zu heiraten.

Die Führerscheinprüfung stand an – ich bestand auf Anhieb – fünf Tage vor meinem 18. Geburtstag. Meine Eltern feierten mit mir und am Abend präsentierte ich ihnen mein Postsparbuch, welches 2012 DM aufwies. Meine Mutter war schockiert und attackierte mich mit tausend Fragen. Wo hatte ich das Geld her, wie stellte ich mir vor, alleine nach Amerika zu fliegen, wo würde ich wohnen, was, wenn mir etwas passierte und vieles mehr. Mein Stiefvater war ganz ruhig und sagte zu meiner Mutter: »Sie hat sich an die Abmachung gehalten und wir müssen das akzeptieren. Abgemacht ist abgemacht!«

Am nächsten Tag traf ich mich mit Jack im Reisebüro. Wir holten die Tickets ab und setzten uns anschließend in ein Café, um unser Vorhaben nochmals durchzusprechen. Pfarrer Dawson hatte mir eine Nachricht zukommen lassen mit Namen und Adresse eines deutschen Pfarrers, der in Philadelphia wohnte – Pfarrer Berzins. Er schlug vor, dass ich mich mit diesem in Verbindung setzen sollte. Er hätte ihm von meiner Vatersuche geschrieben und Pfarrer Berzins würde mir gerne helfen. Das waren tolle Nachrichten. Ich setzte große Hoffnung in diese neue Möglichkeit.

Dann kam der Tag, auf den ich so viele Jahre gewartet hatte.

Ich stand am Flughafen Nürnberg, zusammen mit meinen Eltern, um meinem Traum entgegenzufliegen. Vorsichtig sah ich mich nach Jack um, der irgendwo sein musste. Ja, er war schon durch die Fluggastkontrolle gegangen und hatte sich in die hinterste Ecke gedrückt. Nochmals gab es viele Ratschläge seitens meiner Eltern und einen Briefumschlag, welcher 100 Dollar enthielt. Endlich kam die erlösende Ansage für den Abflug meiner Maschine. Ein kurzes letztes Winken und ich war auf dem Weg, mit Jack in sicherer Entfernung im Schlepptau. Als wir im Flugzeug saßen, waren wir immer noch nervös. Jack stand der Schweiß auf der Stirn und ich schaute ängstlich auf das Abfertigungsgebäude, bis die Maschine endlich rollte

In Luxemburg wechselten wir das Flugzeug. *Icelandair* würde uns nach New York fliegen. Die Maschine trug den Namen Loftleidir. Den fand ich wirklich lustig, es klang als würden wir mit einer Leiter die Lüfte erklimmen. Ein Flugzeug mit vier Propellermotoren, die Sitze so eng, dass man fast mit den Knien am Kinn anstieß. Es gab eine Zwischenlandung in Reijkjavik, dann ging es weiter über den Atlantik. Wir saßen auf den Plätzen unmittelbar vor den Propellern und als wir in New York ankamen, waren wir von dem monotonen Dröhnen fast taub. Aber wen hätte es stören sollen. Wir waren verliebt, aufgeregt und neugierig auf das, was uns in den nächsten Wochen erwarten würde.

Vom Flughafen fuhren wir mit dem Bus nach Downtown Manhatten zur Grand Central Station. Dort war auch der *Greyhound*-Busbahnhof. Während dieser Fahrt bekam ich schon einen ersten Eindruck dieser imposanten Stadt. Sie raubte mir den Atem. Die Wolkenkratzer, der Wahnsinnsverkehr, viele Menschen, die hektisch aneinander vorbeieilten, Autos, die Limousinen hießen und sechs Türen hatten, die schrillen und blinkenden Reklametafeln und tausende von Taxis, genannt *Yellow Cabs*. Ich kam mir plötzlich sehr winzig vor und ich glaube, hier wurde mir zum ersten Mal bewusst, dass ich in eine andere, mir völlig unbekannte Welt eingetaucht war.

Im *Greyhound*-Depot suchten wir den Philadelphia-Bus und nach einigen Stunden des Wartens waren wir endlich auf dem Weg. Die Ausstattung des Busses imponierte mir – komfortable Sitze mit verstellbaren Rückenlehnen und Fußstützen, die bequemen Sitzkomfort boten. Die Fenster waren getönt, so dass immer der Eindruck entstand, dass draußen blauer Himmel war. Eine Klimaanlage machte die Reise besonders angenehm. Schnell waren wir eingeschlafen und bis wir uns versahen, hörten wir die Stimme des Fahrers aus dem Lautsprecher: »Philadelpia, ladies and gentlemen – thank you for riding with *Greyhound*!«

Ich kramte den Zettel mit der Telefonnummer von Pfarrer Berzins hervor und rief ihn an. Er freute sich, dass ich gut angekommen war, und in kürzester Zeit traf er am Busbahnhof ein. Er war etwas erstaunt über den zweiten Gast – denn davon hatte ihm Pfarrer Dawson nichts geschrieben. Ich stellte Jack als meinen Verlobten vor und sagte, dass wir sehr kurzfristig entschieden hatten zusammen zu reisen.

Das Haus der Familie Berzins befand sich in Germantown, ein Stadtteil mit hohen Kastanienbäumen und gepflegten Vorgärten. Berzins waren kurz nach Beginn des Zweiten Weltkriegs nach Amerika ausgewandert und hatten sich in Philadelphia zusammen mit anderen deutschen Einwanderern angesiedelt. Pfarrer Berzins Kirche, wie er erzählte, war Treffpunkt vieler deutschstämmiger Familien aus dem ganzen Umkreis.

Nach dem Mittagessen erzählte ich dann meine Geschichte. Er hörte aufmerksam zu. Am Ende war erst einmal eine lange Stille.

»Petra, bevor wir zusammen zu dieser Adresse fahren, welche dein Vater damals deiner Mutter hinterlassen hat und wo du ihn jetzt anscheinend vermutest, solltest du gut überlegen, ob du wirklich dazu bereit bist. Du bist jetzt 18 Jahre alt, dein Vater muss etwa 40 sein. Er wird eine Frau und wahrscheinlich Kinder haben. Was ist, wenn er dich verleugnet? Was ist, wenn er dich willkommen heißt aber seine Familie dich ablehnt? Hast du dir das schon einmal überlegt? Du könntest mehr Schaden nehmen, als es dir gut tut. Vielleicht solltest du nochmals eine Nacht darüber schlafen!«

Es lief mir heiß und kalt den Rücken herunter. Hatte ich nicht mein halbes Leben auf diesen Moment gewartet? Hatte ich nicht jeden Pfennig gespart, um mir diese Reise zu ermöglichen? Ich hatte mich anspucken und beleidigen lassen und mich als minderwertiger Bastard gefühlt. Jetzt sollte ich aufgeben? Niemals!

»Ich bin bereit. Lass uns dort hinfahren!« verkündete ich am nächsten Morgen.

Pfarrer Berzins nickte: »OK, gehen wir!«

Es ging quer durch die Stadt, bis wir den Stadtteil South Philadelphia erreichten. Berzins erklärte, dass dort viele italienische Einwanderer wohnten. Die Straßen waren eng und die Reihenhäuser mit roten Klinkersteinen verkleidet. Tatsächlich hing an manchen Hauseingängen die amerikanische Fahne neben der italienischen. Auch die Namen der Gaststätten *Lido* oder *Trattoria Bruno* erinnerten an Italien, wo ich einmal mit meiner Tante Urlaub gemacht hatte. Wir hielten an der Ecke South 10th Street und Lincoln Road und suchten die Hausnummer 1506. Es war 11 Uhr morgens und ich stand vor seinem Haus. Jack war im Auto sitzen geblieben, denn er wollte mir den Moment nicht nehmen. Ich verharrte lange und starrte auf die weiß gestrichenen Stufen, die goldenen Zahlen 1506 über der Eingangstür und darunter in Kursivschrift ›God bless our home‹. Ein Namensschild konnte ich nicht entdecken. Wenn nur jemand herauskäme, dachte ich, dann müsste ich eine Entscheidung treffen. Aber es kam niemand, es rührte sich nichts. Wahrscheinlich ist niemand zu Hause, Wochentag, Schultag, vielleicht wohnt er gar nicht mehr hier ... Alles Mögliche ging mir durch den Kopf.

»Pfarrer Berzins, lassen Sie uns gehen!« hörte ich mich sagen.

Er ging schweigend mit mir zum Auto und wir fuhren zurück. Auch Jack sagte kein Wort.

Wir verabschiedeten uns am Nachmittag von Familie Berzins. Er brachte uns zur *Greyhound*-Station und bevor ich einstieg sagte er zu mir:

»Petra, du hast heute eine Entscheidung getroffen, die vielleicht eine gute war – für dich und für deinen Vater. Gott wird dich auf deinem weiteren Weg beschützen. Und wenn es sein soll, wirst du eines Tages an dein Ziel kommen. Jetzt wäre es die falsche Zeit gewesen – sagt mir mein Gefühl.«

CROSS COUNTRY

Die erste Etappe lag hinter mir. Wir waren auf dem Weg nach Peoria/ Illinois, wo wir unseren Besuch bei meiner Brieffreundin Nancy angekündigt hatten. In Chicago stiegen wir um nach Peoria, Illinois, wo uns Nancy und ihr frisch angetrauter Mann, David an der Busstation erwarteten. Jetzt lernte ich Amerika pur kennen. Auf dem Weg zu ihrem Haus fuhren wir kilometerweit an Mais- und Kornfeldern vorbei. Die Häuser waren alle aus Holz gebaut – manche sahen aus, als ob sie den nächsten Sturm nicht überleben würden. Telefon- und Stromleitungen zogen sich auf windigen Holzmasten hoch über den Straßenrändern entlang. Ein ungewohnter Anblick waren vor allem die Wassertürme, die in geschätzten fünf Kilometer Abstand voneinander standen. Auch riesige Getreidesilos reihten sich aneinander. Illinois war wirklich ein Teil der Kornkammer Amerikas.

Nancy und David wohnten in einem kleinen Haus im Ranchstil, umgeben von einem sehr weitläufigen Korral, in dem sich zwei Pferde tummelten. Wir fühlten uns sofort wie zu Hause und zogen in unser neues Quartier ein. Die nächsten Tage verbrachten wir damit, uns mit der Gegend vertraut zu machen und Freunde unserer Gastgeber kennen zu lernen. Für mich war jeder Tag in Amerika spannend.

Schließlich besprachen wir mit beiden unsere Hochzeitspläne. Nancy und David waren sofort Feuer und Flamme und schlugen vor, dass wir gleich in Illinois heiraten sollten. Also begannen wir mit den Vorbereitungen. Es mußte das Aufgebot bestellt werden und wir mussten beide eine Blutprobe abgeben. Ich war etwas befremdet über diese Vorschrift, aber Jack erklärte mir, dass dieses Gesetz dafür geschaffen war, um eventuelle Geschlechtskrankheiten auszuschließen. Die Wahrheit war allerdings, dass Ehen zwischen unterschiedlichen Rassen vermieden werden sollten. Nach drei Tagen bekamen wir grünes Licht und der Termin für unsere

Hochzeit stand fest – der 25. Juni 1965. Jack hatte seine Eltern angerufen und ihnen von der bevorstehenden Hochzeit erzählt. Sie wünschten uns viel Glück, allerdings würden sie nicht kommen, da sie sich die Reisekosten nicht leisten konnten. Zusammen mit unseren Freunden fanden wir uns im Court House in Pekin ein. Ich war ganz schön aufgeregt. Jack trug einen dunkelgrauen Anzug – seinen einzigen – und ich ein weißes Kleid, gemustert mit roten Mohnblumen. Nancy und David hatten ihre Sonntagskleidung, die sie immer zur Kirche trugen, angelegt. Dann ging die Tür auf und der Standesbeamte, ein netter bebrillter Herr in einem sehr abgetragenen Anzug, bat uns mit freundlichem Lächeln einzutreten. Die Trauung begann erst mal mit einem kleinen Handicap, denn David hatte seinen Ausweis vergessen, so dass wir plötzlich einen neuen Trauzeugen brauchten. Kurzerhand schnappte er den Nächstbesten, der draußen auf dem Flur entlang kam, und so konnte die Trauung beginnen. Es war eine kurze, farblose und routinehafte Zeremonie. Ehe wir uns versahen, waren wir Mann und Frau. Ich hieß jetzt Mrs. Jack Mitchell.

Meine Hochzeit hatte ich mir eigentlich immer anders vorgestellt – Kirche, weiße Kutsche, große Hochzeitsgesellschaft, Geschenke und eine traumhafte Hochzeitsreise. Das schoss mir kurz durch den Kopf, als wir in Davids klapprigem *Chevrolet* nach Hause fuhren. Unterwegs hielten wir am Liquor Store und kauften einen Kasten *Budweiser* Bier, eine Flasche Whiskey und etliche Flaschen Cola, *Seven Up* und *Mountain Dew*, außerdem Kartoffelchips und Popcorn.

Nancy war etwas beschämt, als wir später in der Küche das Hochzeitsmahl zubereiten wollten, denn sie musste gestehen, dass David ihr spärliches Haushaltsbudget im Schnapsladen erschöpft hatte, so dass wir uns mit dem Inhalt des Gefrierschrankes begnügen mussten. Es stellte sich heraus, dass der ganze Inhalt aus vier TV-Dinner bestand, mit der Bezeichnung ›Chicken Pie Crust.‹ Noch nie in meinem ganzen Leben hatte ich etwas so Abartiges gegessen. Wenigstens waren noch reichlich Chips und Bier vorhanden, so waren wir trotz allem eine lustige kleine Gesellschaft. Leider hatte David im Schnellgang die Whiskeyflasche geleert, deshalb war Nachschub angesagt. Vergebens versuchten wir ihn davon abzuhalten. Jack nahm ihm den Autoschlüssel ab, was David aber nicht daran hinderte, eines der Pferde – Beauty – zu satteln und in bester Cowboymanier loszureiten.

Wir warteten Stunden, doch David kam nicht zurück. Langsam wurde Nancy nervös, wo konnte er nur sein? Schließlich fuhren wir mit dem Chevy los. Kaum erreichten wir das nächste Dorf, sahen wir schon von weitem, dass David in der Nähe sein musste. Vor *Harry's Tavern* stand nämlich Beauty an einer Parkuhr angebunden und döste vor sich hin. Drinnen bläkte Musik aus der Juke-Box, David hing über einem Barhocker und feierte unsere Hochzeit mit seinen Freunden.

Blitzschnell standen Drinks vor uns und genauso blitzschnell sagte der Wirt: »Kann ich Eure Ausweise sehen, Leute?« Jack zog seine Army-ID aus der Tasche, der Wirt machte eine abweisende Geste und nahm die Drinks wieder weg mit der Bemerkung: »Tut mir leid mein Freund – hier bist du mit 20 minderjährig. Im Staat Illinois musst du 21 sein, um Alkohol zu trinken!«

Ich war sprachlos. Verheiratet und trotzdem minderjährig? Irgendwie passte das nicht zusammen. Wir schleppten David aus der Bar. Er steuerte schwankend auf Beauty zu, Jack half ihm in den Sattel und Beauty lief unaufgefordert Richtung Stall. Wir fuhren zunächst hinterher, jedoch nahm das Pferd nach wenigen Minuten eine Abkürzung durch die Maisfelder und wir verloren David aus den Augen. Kurz nachdem wir auf den Hof gefahren waren, kam die Stute auch zurück – allerdings ohne ihren Reiter. Den fanden wir wenig später im Tiefschlaf in einem Maisfeld.

Unsere Urlaubskasse machte uns Sorgen. Wir waren knapp einen Monat in Amerika. Jack machte sich langsam mit dem Gedanken vertraut, dass er sich in einigen Tagen in Deutschland wieder zum Dienst melden musste. Da ich noch einen ganzen Monat in Amerika vor mir hatte, achtete ich darauf, meine Reisekasse gut einzuteilen. In der letzten Woche gingen Jack und David zu den Farmen in der Nachbarschaft und halfen bei der Maisernte. Das Verdiente reichte Jack als Taschengeld für den Rückflug nach Deutschland, den er am 5. Juli antrat.

WESTEN

Ich verließ Peoria. In Chicago musste ich in einen größeren *Greyhound*-Bus umsteigen und es ging quer durch Amerika, auf der Interstate 80 von Chicago über Davenport/Ohio, DesMoines/Iowa, Omaha/Nebraska, Cheyenne/Wyoming, Salt Lake City/Utah, Reno/Nevada nach San Francico. Genau gesagt: 2100 Meilen lagen vor mir.

In den letzten Reihen des Busses saß eine Gruppe junger Leute, die sich angeregt unterhielten und sehr lustig waren. Schließlich sprachen sie mich an – die üblichen Fragen nach dem Woher und Wohin. Ich erzählte, dass ich aus Deutschland käme und auf dem Weg nach San Francisco sei, um eine Freundin zu besuchen.

Sie befanden sich auf dem Rückweg aus den Ferien zu ihrer Universität, der UCLA. An den verschiedenen Busstationen in größeren Städten, hatten wir jeweils eine halbe Stunde Aufenthalt. Man konnte schnell etwas essen und sich die Beine vertreten. Ich hatte mir angewöhnt, von jeder Etappe eine Ansichtskarte an meine Eltern zu schicken.

Meine neu gewonnenen Freunde hatten schnell gemerkt, dass ich ein Greenhorn war und erzählten mir auf dem Weg nach Reno über ein Phänomen, welches es nur im Westen der USA gab. Es hieß Jackrabbit – ein überdimensional großer Hase. Ich hatte noch nie von solch einem Tier gehört. Aber wer weiß, dachte ich, nachdem in Amerika alles etwas größer, höher und weiter war – warum nicht.

»Eh, Petra, sag bloß, in Germany gibt es keine Jackrabbits?«, fragte mich Ben, einer der Jungs.

»Nein, ich habe noch nie von diesem Tier gehört. Natürlich haben wir Feldhasen, aber die sind viel kleiner!«

»Gut«, sagte Ben, »wenn du konzentriert aus dem Fenster blickst, hast du vielleicht Glück und bekommst einen zu sehen. Sie sind sehr scheue Tiere, aber sie sind riesig ... man kann auf ihnen reiten!«

Ich war tief beindruckt. So etwas hätte ich nun nicht erwartet. Meinem staunenden Gesichtsausdruck setzte Ben nun noch einen drauf:

»Sobald wir an unserem nächsten Zwischenstopp anhalten, suche ich dir ein Foto von diesem Riesenhasen.«

In Reno angekommen steuerte Ben schnurstracks auf einen Kartenständer zu, zog eine bunte Karte heraus und zeigte sie mir mit einem triumphierenden Blick.

»Hier siehst du, Petra!« Ich starrte auf das Foto – es zeigte einen riesigen Hasen mit langen Ohren. Am Spektaktulärsten war der Cowboy, der auf seinem Rücken saß. Wow! Ich nahm die Karte und schrieb an meine Eltern:

Liebe Mama, lieber Papa,

auf meiner nächsten Etappe bin ich in Reno angekommen. Ihr könnt Euch nicht vorstellen, was ich alles erlebt habe. Alles ist hier größer und furchtbar aufregend. Lastwagen sind nachts beleuchtet wie Christbäume und Frachtzüge haben über 200 Waggons. Hier im Westen haben manche Farmen eigene Landebahnen für Sportfleugzeuge, denn die Entfernungen sind immens. Stellt euch vor, es gibt hier sogar Jackrabbits. Das sind riesige Hasen, auf denen man sogar reiten kann. Seht euch das Foto an.

Bis bald, Eure

Petra

Viele Jahre später löste ich bei meiner Geschichte über die Jackrabbits helles Gelächter aus. Ich war einem Fabelwesen auf den Leim gegangen.

Nachdem meine Nachricht in dem blau-rot-weißen US-Postal-Briefkasten verschwunden war, wandte ich mich der Reihe Glücksspielautomaten zu, die in der Cafeteria standen. Mit einem Geldstück bewaffnet setzte ich mich vor den einarmigen Banditen, um mein Glück zu versuchen. Plötzlich wurde ich angesprochen:

»Ma'am, darf ich Ihren Ausweis sehen?«

Mir schwante schon, was jetzt kommen würde. Prompt wurde ich belehrt, dass im State Nevada das Mindestalter für Glücksspiele 21 sei. Na toll, in Reno gewesen und nicht mal gespielt!

Am dritten Tag erreichten wir San Francisco. Mit meinen neuen Freunden tauschte ich natürlich Adressen aus und verabschiedete mich.

KALIFORNIEN

Jenny und ihre Mutter Mary warteten bereits. Wir kannten uns zwar nur aus Briefen und von Fotos, trotzdem begrüßten wir uns wie alte Freunde. Jenny wohnte in einem Vorort von San Francisco, in Belmont, hoch über der San Francisco Bay. Vom Familienbungalow konnte man die Bucht wunderbar sehen – es war ein traumhafter Anblick. Es war nicht schwer, sich in Jennys Familie wohl zu fühlen. Typisch amerikanisch – ich war sofort integriert. Mary gestattete mir ein kurzes Telefongespräch mit meinen Eltern, die sich freuten, von mir zu hören und dass es mir gut ging.

Entgegen deutscher Gewohnheiten, als Gast bedient zu werden, merkte ich schnell, dass hier Selbstbedienung angesagt war. Der Höhepunkt kam dann einige Tage später, als Jenny mir ihren Autoschlüssel in die Hand drückte und sagte: »Viel Spaß damit – benutze das Auto solange du Lust hast!«

Das ließ ich mir kein zweites Mal sagen und setzte mich flugs in das feuerrote *Triumph Spitfire*-Cabrio, und fuhr los. Jennys selbstgefertigter Stadtplan ließ mich alle wichtigen Plätze und Straßen finden. Was war das doch für eine multikulturelle Stadt. Fisherman's Wharf, China Town, Market Street und schließlich landete ich in der Lombard Street, die in steilen Serpentinen zwischen bunten Blumenanlagen bergab ging. Das Bergabfahren stellte für mich kein Problem dar, aber bergauf an einer roten Ampel anzufahren, damit hatte ich als Führerscheinneuling einige Schwierigkeiten. Vor allem musste ich immer auf die Cable Cars achten, die zu jeder Zeit Vorfahrt hatten. Man konnte sie mit ihrem lauten Gebimmel Gottseidank nicht überhören. Die Geduld amerikanischer Autofahrer war bewundernswert.

Das Highlight meines Aufenthaltes in San Francisco war das Harry-Belafonte-Konzert im Golden Gate Theatre. Jenny hatte Karten besorgt.

Ich freute mich riesig. Harry Belafonte live – ich war gespannt. Dieses Konzert würde ich nie vergessen. Wir saßen in der vordersten Reihe, Harry zum Anfassen nahe. Er hatte eine magische Ausstrahlung, die mich in seinen Bann zog, und ein wunderbares Repertoire von *Jamaica Farewell*, *Try to remember*, *There is a hole in the bucket*, *Jump up Calypso*, bis zu dem berühmten *Bananaboat Song*. Wie er in seiner Musik aufging, seinen Körper bewegte – er hatte ein unbeschreibliches Charisma.

Die Woche darauf fuhren wir mit dem Camper nach Oregon, um Jennys Bruder Richard zu besuchen. Er arbeitete im Staatsdienst als Forest Ranger. Wir fuhren über die Golden Gate Bridge auf der Route 505 nach Norden und weiter über die Interstate 5. Der Sacramento River begleitete uns eine Weile, bis wir nach vielen Stunden, in welchen ich die wechselnde Szenerie – weite Hügellandschaften, Weinberge, wunderbare Wälder und den hohen Mount Shasta – bestaunte, in einem kleinen Ort namens Weed ankamen.

Wir übernachteten in unserem Camper und fuhren am nächsten Tag durch die Wälder Oregons in östlicher Richtung. Eigentlich war es gar keine Straße, sondern eher ein breiter Waldweg, der nicht eine einzige Kurve hatte. Nach etwa einer halben Stunde fragte ich Jenny, ob sie überhaupt wüsste, wo wir uns befänden. Sie antwortete, Richard hätte ihr gesagt, von Weed aus müsste sie genau 10 Meilen östlich fahren, dann würde sie auf einen grünen Wohnwagen stoßen. Na toll, dachte ich – wie können wir mitten in den Wäldern Oregons einen grünen Wohnwagen finden? Aber ich sollte eines Besseren belehrt werden – plötzlich sahen wir diesen ominösen Trailer. Richard begrüßte uns – er war wie ein Cowboy gekleidet, lederne Stiefel, Stetson Hut und Fransenjacke. Er bugsierte unseren Camper auf eine kleine Lichtung, unmittelbar vor einem malerischen See. Das Schild an einem Baum verriet mir den Namen: *Silver Lake.*

Die nächsten drei Tage lernte ich einiges über die Natur, über die Feuergefahr in den Wäldern Oregons und über die Freiheit der Amerikaner in der Handhabung von Waffen. Wir gingen auf die Jagd. Genauer gesagt auf Elchjagd. Richard und seine Rangerfreunde bereiteten sich auf den Jagdtag vor. Die Gewehre wurden gereinigt und die Ausrüstung überprüft. Am Nachmittag gesellten sich zwei weitere Freunde hinzu – Mary-Ellen und ihr Mann Littlejohn. Es war nicht zu übersehen, dass er Indianer war – ovales Gesicht mit hohen Wangenknochen, pechschwarzes langes Haar hing über seine Schultern, an den Schläfenhaaren waren bunte Perlen eingeflochten. Erstaunlich waren auch seine Waffen – Pfeil und Bogen. Ich fragte ihn, ob er damit ernsthaft auf Elchjagd gehen wollte. Er lächelte und ging zu seinem Auto, wo er zwei ziemlich zerfledderte Fotos herausholte – bestimmt hatte er sie schon oft gezeigt – auf denen ein erlegter Elch zu sehen war. Im Hals des Tieres steckte ein Pfeil. So ein Pfeil, erklärte er mir, hätte eine Durchschlagskraft von 70 Kilo.

Bei Einbruch der Dunkelheit gingen wir los. Ich klebte förmlich an Richards Fersen. Es kam mir vor wie in meiner Kindheit, als ich mit Alex Cowboy und Indianer gespielt hatte. Wir erreichten unser Jagdgebiet – eine Lichtung – und machten es uns in den Büschen bequem. Stunden waren vergangen und ich wünschte mir sehnlichst einen heißen Kaffee oder gar mein warmes Bett. Plötzlich gab es eine Bewegung wenige Meter neben unserem Versteck. Mich packte die Angst. Was, wenn es kein Elch sondern ein Bär war? Es gab schließlich genug davon, oder vielleicht ein aggressives Wildschwein? Ich drückte mich tiefer ins Gebüsch. Ich sah ein paar Beine und hörte Atmen – ich war fast paralysiert vor Angst. Dann gab das Tier einen Laut von sich: Muuuhhhh. Ach, was war ich erleichtert – fast hätten wir eine Kuh erschossen!

Die Jagdgesellschaft brach auf und wir machten uns auf den Heimweg. Elche hatten wir keine erlegt, aber man hatte was zu erzählen. Die restliche Zeit beschränkte ich mich auf Angeln und Pilze sammeln. Wir grillten meine selbst gefangenen Fische und kochten Pilzsuppe.

Bevor wir nach San Francisco zurück fuhren, besuchten wir Mary-Ellen und Littlejohn in ihrem Haus. Es war kein gewöhnliches Haus, sondern hoch in einen Baum gebaut. Es konnte nur über eine Holzleiter erreicht werden. Schwere Sachen wurden in einer Kiste, die an einem Flaschenzug festgezurrt war, nach oben gezogen. Die beiden betrieben einen sogenannten Fire-Look-Out für das Oregon Forest Department. Es war ihre Aufgabe, die Umgebung ständig zu beobachten, um eventuelle Waldbrände schnell melden zu können. Schließlich gab es jedes Jahr viele verheerende Brände, die nicht selten Menschenleben kosteten. Über Kurzwellen-Radio blieben sie sowohl mit den anderen Rangerstationen, als auch mit der Feuerwache ständig in Verbindung. Erstaunt stellte ich fest, dass Mary-Ellen schwanger war. Wie sie wohl schnell von ihrem Baum herunterkommen würde, wenn sich das Baby ankündigte, mochte ich mir gar nicht vorstellen. Der Abschied fiel mir schwer – das Outdoor-Leben hatte mir gefallen.

In San Francisco zurück blieben mir noch zwei Tage, dann saß ich wieder im *Greyhound*-Bus. Diesmal ging es auf dem berühmten Highway 101 nach Los Angeles. Die langen Sandstrände waren wunderschön und ich konnte Surfer beobachten, die sich an die hohen Wellenberge heranpirschten, auf den richtigen Moment warteten, sich dann auf ihre Bretter stellten und in atemberaubendem Tempo die Welle ritten, bis sie endlich von den Wassermassen eingeholt und darunter begraben wurden. Im Radio sangen die Beach Boys: *Surfin' USA*!

Plötzlich sah ich riesige Buchstaben die einen Hügel zierten: HOLLYWOOD! Fantastisch – das war also Hollywood. Viel zu sehen war allerdings nicht. Auch nicht von Los Angeles. Der Smog war an diesem Tag so dicht, dass man manche Gebäude kaum erkennen konnte – die Außentemperatur betrug 42° C. In der Busstation verstaute ich meinen Koffer in einem Schließfach und machte mich, nur leicht bepackt mit dem Rucksack, auf den Weg zur Jugendherberge YWCA.

Am nächsten Tag besuchte ich das Kaufhaus *J. W. Robinson's*. Einer der Einkäufer, Alan Newton, war ein Freund meines Arbeitgebers. Wenn ich nach Los Angeles käme, hatte mir mein Chef gesagt, könnte ich gerne Alan anrufen und mir einmal einen Department Store zeigen lassen. Diesen Vorschlag setzte ich nun in die Tat um.

Alan war unwahrscheinlich nett. Er zeigte mir verschiedene Abteilungen als auch Produkte, die er in Europa eingekauft hatte. Ich war richtig stolz, ein Teil dieser Firma zu sein. Zum Mittagessen lud er mich in eines der Restaurants des Beverly-Hills-Hotels ein. Ich meinte im Schlaraffenland zu sein. Das Buffet, bestimmt 10 m lang, bot alles was das Herz begehrte. Die Auswahl fiel mir richtig schwer. Ich sollte die frischen Artischocken probieren, meinte mein Gastgeber, diese wären eine kalifornische Spezialität. Leider wusste ich nicht, was ich mit diesem grünen Gewächs anfangen sollte. Zuerst hatte ich sie für Tischdekoration gehalten. Ich sah mich verstohlen um, ob noch jemand solches Grünzeug auf dem Teller hatte. Glückerweise beobachtete ich dann, dass am Nachbartisch jemand anfing, die Blätter aus der Artischocke herauszuziehen. Der erste Schritt war getan. Leider bekam ich nicht mit, dass das Artischockenherz erst von den Disteln befreit werden musste. Schließlich kam ich zu der Erkenntnis, dass dieses Gemüse doch sehr trocken war. Es blieb mir fast im Hals stecken. Noch schlimmer war mein Kleinkrieg mit den Hummerbeinen. Man könnte hier hungrig vom Tisch aufstehen, dachte ich.

Alans Assistentin betreute mich am nächsten Tag und zeigte mir die Stadt Los Angeles und die Villengegend um Hollywood. Am Abend fand ich mich wieder in meiner *Greyhound*-Station ein und bestieg den Bus nach Kanada. Ich war so froh, dass ich mir in Deutschland das *Greyhound-See-America-Ticket* gekauft hatte, ansonsten hätte ich mir eine solche Rundreise nie leisten können.

Mein Ziel war Winnipeg in Kanada. Dort wohnte Tante Elisabeth, die Schwester meines angeheirateten Onkels. Sie war mit ihrer Familie 1955 nach Kanada ausgewandert und sie hatten in einem Vorort von Winnipeg eine neue Heimat gefunden. Elisabeth war von Beruf Schneiderin, ihr Mann Werner Elektriker. Sie hatten sich in Kanada gut eingelebt und die beiden Söhne, inzwischen 10 und 16 Jahre alt, waren schon richtige Kanadier. Der *Greyhound*-Bus nahm wieder die gleiche Route, auf der ich nach L.A. gekommen war, bis San Francisco, dann ging es weiter auf der Interstate 5. Nochmals durfte ich die wunderschöne Gegend Nordkaliforniens und Oregons genießen. Heimlich winkte ich hinüber zu Richard und meinen Freunden am Silver Lake, als der Bus durch Weed fuhr. Am liebsten wäre ich wieder ausgestiegen.

Am nächsten Tag, an Mount St. Helens vorbei, erreichte ich Seattle. Ich überlegte erst, ob ich vielleicht aussteigen sollte, um mir die Stadt anzusehen und einen Tag später weiterzufahren, aber ich war irgendwie unruhig, denn ich hatte mit Jack vereinbart, dass er mich bei Tante Elisabeth anrufen sollte. Nach Fahrerwechsel und einer Stunde Aufenthalt ging es weiter nach Vancouver. Ich erreichte die kanadische Grenze um Mitternacht und wurde unsanft aus dem Schlaf gerissen. Zollbeamte betraten den Bus und forderten die Passagiere auf, auszusteigen. Was die wohl von uns wollten, überlegte ich. Übernächtigt und leicht zitternd durch die Kühle der Nacht, stand ich in der Reihe. Schließlich stellte sich heraus, dass man lediglich nach Früchten suchte, deren Einfuhr nach Kanada strengstens verboten war – hauptsächlich Zitrusfrüchte. Jeder musste Koffer und Taschen aufmachen, die gründlich kontrolliert wurden. Der Busfahrer erzählte uns später, dass es bestimmte Insekten gab, deren Larven über Früchte eingeführt worden waren und in Kanada schon ganze Ernten vernichtet hatten.

Um 6 Uhr morgens hielten wir zum Frühstück. Inzwischen hatte ich gelernt, was man unter Eggs Sunny Side Up, Once Over' Hashbrowns, Grits, Bisquits oder Pancakes With Maple Syrup verstand. Auch dass nur die erste Tasse Kaffee bezahlt werden musste und die folgenden gratis waren.

Ich genoss das malerische Gebirgspanorma in British Columbia. Beim nächsten Stopp sah ich einen echten Royal Canadian Mounty in seiner schmucken roten Uniform. Schnell besorgte ich mir eine Ansichtskarte mit dem Foto eines Mounty und schickte sie meinen Eltern.

Im Bus sitzend gingen mir viele Gedanken durch den Kopf. War ich zu feige gewesen meinem Vater entgegenzutreten? Warum war ich bloß weggelaufen? Ob ich wohl jemals wieder nach Amerika kommen würde, um eine zweite Chance zu bekommen? Wollte ich diese überhaupt? Ich fand keine Antwort.

Auch mein schlechtes Gewissen klopfte ständig bei mir an. Ich begann darüber nachzudenken, wie ich meinen Eltern die Blitzheirat beibringen sollte. Nachdem ich einigen Abstand gewonnen hatte, kam mir die Idee überhaupt nicht mehr so toll vor. ›Petra, du bist jetzt verheiratet‹, sagte ich zu mir selbst, ›es muss funktionieren.‹ Liebe ich Jack überhaupt? ›Ja!‹, gab ich mir selbst zur Antwort. Wie lange ist eigentlich ein Leben lang? Für immer und ewig? Wie viele Jahre sind das? Ich versuchte mich abzulenken. Wird schon gut gehen, beruhigte ich mich. Aber im Grunde meines Herzens ahnte ich, dass es falsch war – ein Fehler der nicht mehr rückgängig zu machen war.

Nach 48 Stunden und 2700 Meilen Busfahrt traf ich in Winnipeg ein. Tante Elisabeth und Onkel Werner nahmen mich auf wie ihr eigenes Kind. Ich hatte nur noch eine Woche Urlaub, die ich nutzte, die Gegend um Winnipeg kennen zu lernen. Meine Cousins machten mich mit Baseball bekannt, schleppten mich zu Football-Spielen und schließlich war ich Gast beim größten Stock-Car-Rennen im Staat Manitoba. Es ging ziemlich brutal zu, Autos krachten ineinander, verkeilten sich, manche schlitterten auf ihren Dächern weiter. Wie durch ein Wunder gab es keinen Verletzten.

»Warst du schon einmal in einem Drive-In-Movie?«, fragte mich mein Cousin. Ich verneinte, was mir für den nächsten Abend eine Einladung ins Kino einbrachte.

Ich war gespannt, was sich unter dem Begriff Drive-In-Movie verbarg. Die riesige Leinwand verblüffte mich, aber mehr noch, wie jedes Auto mit einem eigenen Lautsprecher versehen wurde, den man von einer Halterung neben der Standfläche abnahm und ins halbgeöffnete Fenster einhing. Wir bewaffneten uns mit Popcorn und *Coca Cola* und genossen, im Auto sitzend, den Film. Wieder etwas Neues gelernt – ich wusste jetzt, was ein Drive-In-Movie war.

Es waren nur noch zwei Tage bis zu meiner Abreise, als Jack mich anrief. Was er mir zu sagen hatte, ließ mir das Blut in den Adern gefrieren. Er hatte allen Mut zusammen genommen, war am Sonntag zu meinen Eltern gegangen und hatte sich als ihr Schwiegersohn vorgestellt. Meine Eltern wollten es nicht glauben und dachten erst an einen Scherz, aber Jack zeigte ihnen unsere Heiratsurkunde, worauf mein Stiefvater einen Tobsuchtsanfall bekam. Jack meinte, er hätte ernsthaft erörtert, das Weite zu suchen. Aber Wilhelm, der Probleme schon immer realistisch und mit Logik angegangen war, fing sich nach kurzer Zeit wieder. Meine Mutter war einfach sprachlos und trotz des Schocks hatte sie ihren neuen, fremden Schwiegersohn auf eine Tasse Kaffee eingeladen. Ich wusste nicht, ob ich lachen oder weinen sollte. Irgendwie war ich erleichtert und doch tat es mir so furchtbar leid, dass ich meinen Eltern ein solches Chaos verursacht hatte. Tante Elisabeth versuchte mich zu trösten: »Mach dir keine Sorgen, es wird schon alles gut gehen. Hauptsache, du und Jack seid glücklich und ihr liebt euch! Alles andere wird sich finden.«

Wieder einmal hieß es Abschied nehmen. Der *Greyhound*-Bus brachte mich auf meiner letzten Etappe nach New York. Es lagen 3300 Meilen vor mir. Laut Fahrplan würde ich 55 Stunden unterwegs sein. Auf dieser letzten Fahrt schien die Zeit zu schleichen. Von Winnipeg ging es zunächst nach Minneapolis, weiter nach Chicago und New York, genannt Big Apple. Wenigstens konnte ich in der Jugendherberge YWCA eine Nacht in einem Bett schlafen, denn so bequem die Sitze im Greyhound auch gewesen waren, eine Matratze konnten sie nicht ersetzen.

Am nächsten Tag fand ich mich dann bei *Loftleidir* zu meinem Rückflug ein. Nachdem ich meinen Platz am Fenster eingenommen hatte und das Flugzeug gestartet war, schaute ich nochmals hinunter auf die Wolkenkratzer, den Central Park, die Freiheitsstatue, den Hudson River, die Manhattan Bridge.

Good Bye America!

Meine Eltern holten mich am Flughafen ab. Entgegen meiner Erwartungen kamen keine Vorwürfe. Ich konnte spüren, dass sie das Beste aus der Situation machen wollten.

»Wir fahren nicht zu uns nach Hause, sondern in dein neues Heim!«, sagte meine Mutter.

»Wie meint ihr das, wo soll das sein?«, fragte ich.

»Du wirst staunen!« erwiderte Wilhelm und zwinkerte mir zu.

»Sagt doch, was heißt neues Heim?«

Ich wagte nicht mir vorzustellen, was damit gemeint sein könnte. Ich war richtig gespannt.

Meine Mutter erklärte, dass ich jetzt verheiratet sei und Jack und ich deshalb natürlich eine eigene Wohnung bräuchten. Wir fuhren in eine mir sehr gut bekannte Gegend, nämlich in meine Heimatstadt, die ich so schweren Herzens verlassen hatte. Meine Eltern hatten im Schnellgang über Freunde eine Wohnung für uns gefunden und mit den Möbeln meines Mädchenzimmers eingerichtet. Es gab ein Wohn-Schlafzimmer, Küche und ein kleines Bad. Was wollte ich mehr. Jack war noch auf Manöver und so hatte ich ein paar Tage Zeit mich einzuleben.

Ich bedankte mich bei Wilhelm und meiner Mutter sowohl für ihre Mühe als auch für ihr Verständnis, dass sie trotz ihrer Bedenken und meiner mehr als außergewöhnlichen Heirat für ein Happy End gesorgt hatten.

Jack und ich lebten im siebten Himmel. Es waren schöne und aufregende Monate und meine Zweifel und Ängste waren verflogen. Im Februar 1966 stellte ich fest, dass ich schwanger war. Zuerst war ich entsetzt – wir hatten noch so viel Zeit, warum musste das so früh sein? Unsere finanzielle Situation war sehr gut, denn Jack verdiente 350 Dollar im Monat, das waren umgerechnet 1400 DM, und ich steuerte bescheidene 370 DM dazu. Gern hätte ich noch ein paar Jahre gewartet, um eine Familie zu gründen. Am Ende hatte ich mich aber an den Gedanken gewöhnt, bald Mutter zu sein und freute mich.

In Vietnam war der Krieg voll im Gange und wir sahen, wie einer nach dem anderen aus unserem Freundeskreis abkommandiert wurde. Da am Anfang nur unverheiratete Soldaten herangezogen wurden, hofften wir, dass uns das Kind helfen würde.

Leider kam es anders. Am 10. Mai 1966 erhielten wir den Anruf der Kommandantur, dass sich Jack sofort einzufinden hatte, um seine Versetzungspapiere zurück in die USA abzuholen. Wir wussten, was das bedeutete. Ich weinte und konnte nicht glauben, dass unser Glück so schnell zerstört würde. Würde Jack Vietnam überleben? Man hatte uns nur 10 Tage Zeit gegeben. Es war klar, dass ich nach Amerika mitgehen musste, um an Jacks Seite zu sein, bevor er in den Krieg zöge. Was ich dann alleine in diesem mir fremden Land anfangen würde, war mir in diesem Moment schleierhaft. Um die Sache noch komplizierter zu machen als sie schon war, wurde Jack bereits nach einer Woche angewiesen, dass der Truppentransport bereit war. Ich ließ ihn schweren Herzens alleine ziehen, da noch einige Formalitäten zu erledigen waren. Mein Einwanderungsvisum war noch nicht aus München gekommen und unser Auto musste verkauft werden. Ein Nachmieter, der auch einen Teil der Wohnungseinrichtung übernahm, war schnell gefunden. Wenige Tage danach packte ich die Koffer für die Reise in eine ungewisse Zukunft.

VIRGINIA

Es war knapp ein Jahr vergangen seit meiner ersten Reise und ich saß wieder im Flugzeug in Richtung USA. Dieses Mal flog Zukunftsangst mit. Endlich würde ich auch meine Schwiegereltern und Jacks vier Geschwister kennenlernen. Jack hatte mir erzählt, dass seine Eltern in sehr einfachen Verhältnissen in einem kleinen Ort namens Liberty in Indiana, unmittelbar an der Staatsgrenze zu Ohio, lebten. Seine Geschwister waren älter als er und alle verheiratet. Jacks Versetzungsorders waren für Virginia ausgestellt, allerdings wusste er noch nicht, in welcher Militärbasis er zunächst stationiert werden sollte. Deshalb hatten wir uns entschlossen, uns zunächst in Indiana zu treffen, bis er einen endgültigen Befehl von der Kommandantur erhielt.

Beim Anflug auf New York informierte uns der Pilot, dass schlechtes Wetter herrsche und eine Landung unmöglich sei. Deshalb würde man nach Boston ausweichen. Ich erschrak – meinen Anschlussflug würde ich verpassen. Und wie sollte ich von Boston nach Cincinnati/Ohio, meinem Zielflughafen, kommen? Wie könnte ich Jack erreichen? Bestimmt stand er zur vereinbarten Ankunftszeit am Flughafen – er würde sich Sorgen machen. Meine Schwiegereltern besaßen kein Telefon. Was nun? Die Fluggesellschaft kümmerte sich um ein Hotelzimmer und ich konnte telefonieren. Aber wen sollte ich anrufen? Da fiel mir ein, dass Jack mir erzählt hatte, sein bester Freund sei der County Sheriff. Schnell hatte ich über die Auskunft die Telefonnummer herausgefunden und rief dort an. Der Sheriff versprach mir, sofort zu meinen Schwiegereltern zu fahren, um sie zu informieren. Mir fiel ein Stein vom Herzen.

Später erzählte mir Jack, dass der Besuch seines Freundes nicht ohne Probleme abgelaufen war. Mein Schwiegervater Bill hatte nämlich ein Hobby – er brannte Moonshine – er war ein Schwarzbrenner. Als der Sheriff auf den Hof fuhr, war er gerade damit beschäftigt, den Whiskey in Flaschen zu füllen. Umso größer war der Schreck, als das Polizeiauto auftauchte. Es geht nichts über alte Freunde – letztendlich musste er einige Flaschen an die Obrigkeit abtreten und die Angelegenheit war erledigt.

Am nächsten Tag begann ich endlich meine letzte Etappe. Die Maschine setzte zur Landung an und ich beobachtete neugierig die mir unbekannte Gegend. Plötzlich sah ich auf dem Flughafengebäude die Aufschrift Covington/KY. Mein Herz blieb fast stehen – ich wollte doch nach Cincinnati. War ich in das falsche Flugzeug gestiegen? Mein Sitznachbar fragte mich, warum ich so aufgeregt sei und ich erzählte ihm meine Befürchtungen. Er lachte und meinte, dass der Flughafen von Cincinnati/Ohio im Bundesstaat Kentucky läge. Ich wäre schon richtig. Na, Gottseidank!

Nach dieser Odyssee war ich heilfroh, Jack zu sehen. Neben ihm stand eine kleine Frau, etwa 150 cm groß, die sofort auf mich zuschoss und mich umarmte. Meine Schwiegermutter Goldie. Auf dem Weg zu Jacks Heimatort erzählte sie 50 Meilen lang die ganze Familiengeschichte und wen und was ich alles kennenlernen müsste. Schwanger und müde von der langen Reise, hörte ich nur die Hälfte. So hörte ich wohl auch nicht richtig zu, als Jack sagte: »Erwarte nichts besonderes, unser Haus ist sehr bescheiden, aber du wirst dich schon wohl fühlen!«

Nach knapp einer Stunde bogen wir in einen schmalen Wiesenweg ab und holperten über eine kleine hölzerne Behelfsbrücke, bis der Wagen vor einer Baracke zum Stehen kam.

»Here we are, honey!« – Hier sind wir meine Süße – sagte Goldie stolz und zeigte auf das Häuschen. »Make yourself at home!« – Fühle dich wie zu Hause!

Zuerst dachte ich an einen Scherz. Aber als ich Jacks Gesichtsausdruck sah, der Bände sprach, war mir klar, dass diese Wellblechbaracke im Moment wohl mein Zuhause sein würde.

Willkommen in Amerika, Petra!

Mein amerikanisches Vokabular hatte einen neuen Begriff aufgenommen – Hillbillys. Goldie und mein Schwiegervater Bill, machten mit ihrer Herzlichkeit vieles wett. Auch Jacks Geschwister nahmen mich sofort in die Familie auf – sie hätten nicht lieber und netter sein können. Leider konnte ich mich aber nicht daran gewöhnen, dass das Haus nur aus einem großen Raum bestand, den wir mit Goldie und Bill teilten. Von Privatsphäre war nicht zu sprechen. Auch die Toilette war abenteuerlich – ein Plumpsklo, etwa 20 m vom Haus entfernt! Wenn das meine Eltern hätten sehen können! Oh Gott!

Wir benötigten ein Auto – Virginia war immerhin 700 Meilen entfernt. Jack hatte auf seinem Bankkonto 500 Dollar, die wir abhoben. Dann begaben wir uns auf die Suche. Ein Freund unterhielt einen Autofriedhof. Dort fanden wir einen weißen *Ford Galaxy 500 Convertible* mit roten Ledersitzen, Baujahr 1960. Jack, der in der Army als Automechaniker gearbeitet hatte, befand das Vehikel akzeptabel, offerierte einen Preis von 350 Dollar und wir fuhren damit weg. Er brauchte noch zwei Tage, um verschiedene Reparaturen zu erledigen, bis wir uns endlich auf den Weg nach Virginia machen konnten. Am Morgen unserer Abreise spazierte ein schwarzes Katzenbaby über den Hof. Ich hob es auf, stieg in den Wagen und wir fuhren los. Jetzt waren wir schon drei! Wir nannten den kleinen Kater Moonshine.

Wir durchquerten Ohio, West Virginia und einen Teil von Virginia, bis wir endlich am zweiten Tag Newport News erreichten. Jack meldete sich in der Kommandantur, die ihn informierte, dass er noch 20 Tage Urlaub habe. Danach müsse er sich in Ft. Eustis/Virginia, zum Dienst melden. Jetzt wussten wir endlich, wo wir nach einer Bleibe suchen konnten. Das war gar nicht so einfach. Hier standen wir nun in einer fremden Gegend, ohne Dach über dem Kopf und ich im sechsten Monat schwanger. Wir kauften uns eine Straßenkarte, um uns erst einmal zu orientieren. Dann fuhren wir unermüdlich die Gegend ab, auf der Suche nach Schildern ›Zu Vermieten‹. Ich litt in dieser schwülen Sommerhitze und betete, dass wir endlich etwas Passendes finden würden.

Wir hielten an einer Tankstelle. Der Tankwart, auf seinem Namensschild stand Red, sah sofort, dass wir Army-Leute waren und fragte uns nach dem Woher und Wohin. Jack erzählte ihm, dass wir schon glücklos den halben Tag mit Wohnungssuche verbracht hatten. Red überlegte kurz und meinte, dass er von einem kleinen Gartenhaus bei Familie Richardson gehört hätte, eine halbe Meile die Straße runter. Wir machten uns sofort auf den Weg, fanden das Haus von Richardsons und klopften an die Haustür. Eine Frau in Majorsuniform öffnete die Tür. Wir trugen unser Anliegen vor, aber sie war zuerst etwas ablehnend. Ja, sie hätte ein Cottage, das sie aber erst herrichten müsse, denn die Vormieter hätten es verwüstet hinterlassen. Dann sah sie mich an und sagte:

»Schätzchen, wann erwartest du dein Baby?«

Ich war erstaunt, dass sie meine Schwangerschaft sofort erkannt hatte, denn selbst im sechsten Monat war ich noch schlank.

»Ich bin Ärztin!«, sagte sie als Erklärung. Ich war mehr als beruhigt – es gab hier jemanden, der mir zur Seite stehen würde. Sie schien unentschlossen, aber dann forderte sie uns auf, die kleine Wohnung zu begutachten. Es war ein größeres, sehr gemütliches Gartenhaus, zwei Zimmer, Küche und Dusche, natürlich möbliert.

»75 Dollar Miete, 25 Dollar Nebenkosten. Wenn ihr jungen Leute das schafft, könnt ihr sofort einziehen.«

Das ließen wir uns nicht zweimal sagen, holten unsere Sachen und zogen ein.

Wir mussten allerdings scharf kalkulieren bei einem verfügbaren Monatseinkommen von 450 Dollar. Es war ein täglicher Kampf ums Überleben. Jack brauchte das Auto, um zum Dienst zu fahren – das hieß Benzinkosten. Ständig fielen kleinere Reparaturen an, Lebensmittel besorgten wir uns im Supermarkt für Militärangehörige, *PX*, und die Wäsche brachten wir jedes Wochenende zum Laundromat. Ich machte mir Sorgen, wie wir das meistern würden, wenn erst einmal das Baby da wäre. Das waren noch zusätzliche Kosten. Die Situation eskalierte, als unser Ford einen Getriebeschaden hatte. Wir mussten 200 Dollar ausgeben. Jack reparierte das ganze Wochenende und als er schließlich das Getriebe einhängen wollte, fehlte ihm alleine die Kraft.

»Petra, du musst mir helfen, kriech unter das Auto und stütz das Getriebeende ab«, rief Jack.

Und ich, hochschwanger mit Bauch, legte mich unter das Auto und half ihm. Anne Richardson kam aus ihrem Haus gestürzt und schimpfte lautstark. Wie konnte ich so leichtsinnig sein. Gottseidank war alles gut gegangen. Ende des Monats mussten wir ihr dann beichten, dass wir die

Miete nicht bezahlen konnten. Sie war sehr verständnisvoll und meinte, wir könnten ja stattdessen die Fassade ihres Hauses streichen. Was waren wir froh, dass sie uns diese Lösung angeboten hatte. Da stand ich dann, bereits Anfang des neunten Monats, mit Farbe und Malerrolle bewaffnet und half Jack das Haus streichen.

Endlich war es so weit. Im Oktober 1966 wurde unser Sohn Michael geboren. Es war eine Ruckzuck-Geburt. Kaum drei Stunden nachdem ich im McDonalds-Army-Hospital eingetroffen war, lag Michael schon in meinen Armen. Für mich war es ein richtiges Wunder. Plötzlich war ich Mutter!

Die nächsten Wochen beschäftigten mich die Mutterpflichten. Ich hatte wenig Zeit über das Amerika mit dem anderen Gesicht nachzudenken. Dies war wahrlich nicht das Land, wo Milch und Honig floss. Es war brutal und kompromisslos. Schon lange träumte ich von einem Fernsehapparat, denn ich fühlte mich schlecht informiert, irgendwie vom Rest der Welt abgeschnitten. Endlich fand ich ein kleines Gerät im Gebrauchtwarenladen der Kaserne. Fünfundzwanzig Dollar wechselten den Besitzer. Für fünf Dollar kaufte ich auch einen riesigen Kochtopf, in dem ich Michaels Windeln kochte. Pampers konnten wir uns nicht leisten.

Jack war ständig auf Manöver – die Soldaten übten den Kriegseinsatz in den Sümpfen Virginias. Wir rechneten täglich damit, dass er nach Vietnam versetzt würde. Ich war deprimiert, traurig und hatte plötzlich furchtbar Heimweh. Abgesehen von unseren Geldschwierigkeiten fühlte ich mich auch einsam. Die Nachbarn mieden uns, grüßten kaum. Am Anfang konnte ich das nicht verstehen. Dann, eines Tages, betraten wir einen Drugstore im nahen Einkaufszentrum. Kaum hatten wir die Tür geöffnet, sagte jemand zu uns: »Kein Kredit für Militärangehörige!«

Ich verstand zuerst nicht, was gemeint war. Jack erklärte mir dann, dass das Geschäft Militärangehörigen keinen Kredit gewährte. Wer wollte denn einen Kredit? So machte ich die neue Erfahrung, dass man in Amerika nicht bar bezahlen musste, sondern dass Leute anschreiben ließen. Nun war mir auch klar, dass Militärangehörige nirgends willkommen waren, schon gar nicht in einer zivilen Nachbarschaft. Sie wechselten oft den Standort und es kam nicht selten vor, dass sie Schulden hinterließen.

Der Radiosender WGH-Newport-News rief mehrmals täglich zum patriotischen Kriegsdienst auf. Sie kamen – junge Männer und Frauen – und ließen sich rekrutieren. Zu Tausenden verloren sie in Vietnam ihr Leben und die Bevölkerung spuckte auf die Heimkehrer herab. Sie waren die Kriegsverlierer. Diese Moral konnte ich nicht verstehen. Erst, wenn die Soldaten in Särgen heimkehrten, wurden sie als Helden gefeiert.

Kriegsgegner demonstrierten in Massen in Washington DC, aber auch an der Westküste. Die Black-Power-Bewegung wurde immer stärker. Die Schwarzen gingen auf die Straßen – es gab gewalttätige Demonstrationen im ganzen Land. Manche Stadtteile in Newport News waren so gefährlich, dass man nur mit verschlossenen Autotüren durchfahren konnte – die Pistole griffbereit im Handschuhfach. Ja, das war auch Amerika.

Manchmal war ich tagelang allein, wenn Jack durch den Sumpf robbte. Zu meiner Sicherheit besorgte er mir eine Waffe, die immer griffbereit war. Ich verbrachte viele Stunden mit Schießübungen. Zum Schluss war ich sehr treffsicher. Wenn das meine Eltern gewusst hätten!

Wenige Tage vor Weihnachten schneite es ungewöhnlich heftig und wir mussten Schneeketten kaufen. Wieder eine nichtgeplante Ausgabe und wieder einmal eine Reparatur. Es eskalierte bis zu dem Punkt, dass wir einfach nichts mehr zu essen hatten. Nur Michael war versorgt, denn die Babynahrung kauften wir immer am Zahltag ein. Wir kratzten unsere letzten Cents für Benzin zusammen und fuhren nach Newport News zum Roten Kreuz. Dort fanden wir sehr verständnisvolle Leute, die uns 60 Dollar aushändigten, mit dem Kommentar, dass wir, falls notwendig, gerne wiederkommen könnten. Ich stieg ins Auto, drückte Michael an mich und weinte bitterlich. Ich war so beschämt darüber, dass wir betteln gehen mussten. Ich erlebte meinen sozialen Absturz im Land ›der unbegrenzten Möglichkeiten!‹

Bei meinen Eltern hätte ich nie nach Geld gefragt – dazu war ich zu stolz. Vielleicht wollte ich auch keine Kommentare hören, wie »wir haben es dir ja gleich gesagt«.

Den Weihnachtsbaum holten wir uns im Wald, bei Woolworth fand ich für ein paar Dollar schöne Glaskugeln, aus Popcorn bastelte ich Girlanden und aus Glanzpapier bunte Papiersterne. Alle Weihnachtskarten aus der Heimat hatte ich wie auf einer Wäscheleine quer über das Wohnzimmer gespannt. Es war meine Rettungsleine. Wir feierten das erste Weihnachtsfest mit unserem kleinen Sohn. Es gab den traditionellen amerikanischen Truthahn, spendiert von der Armee, und dazu bayerische Klöße und Rotkraut.

Am 2. Januar kam Jack überraschend früher vom Dienst. Ich sah sofort, dass etwas passiert sein musste, denn er konnte kaum aus dem Wagen steigen. Dann sah ich den dicken Verband an seiner rechten Schulter. Er schleppte sich ins Haus und erzählte, als er am Morgen die Kette eines Panzers lösen musste, sei diese peitschenartig von der Felge gesprungen und hatte ihm die Schulter eingedrückt. Er durfte einige Tage zu Hause bleiben. Am ersten Arbeitstag danach rief ihn sein Bataillonskommandeur zu sich und eröffnete ihm, dass er aufgrund dieser Verletzung vom Kriegsdienst freigestellt würde, da die Röntgenaufnahmen zeigten, dass die Schulter so sehr beschädigt war, dass Jack kein Gewehr abfeuern konnte. Ach, es war wie ein zweites Weihnachten. Wir konnten unser Glück im Unglück kaum fassen!

Vergessen war unsere finanzielle Misere und alles andere dazu. Jack wurde auf ein Versorgungsschiff im Hafen von Newport News versetzt, was für uns hieß, dass wir nie wieder hungern mussten. Wir hatten plötzlich reichlich Brot, Milch, Butter, Mehl, Frühstücksspeck, Orangensaft und Eier. Was wollten wir mehr.

Ostern zog ins Land und ich dachte immer öfter daran, nach Deutschland zurückzukehren. Jacks Dienstzeit würde im April 1968 enden – also in einem Jahr. Ich sah in Amerika keine Zukunft für uns oder besser gesagt, ich hatte erkannt, dass man in diesem Land Geld haben musste, um zu überleben. Jobs waren rar, denn die vielen Vietnam-Rückkehrer flossen in den Arbeitsmarkt. Dieser aussichtslose Krieg hatte so viel Geld verschlungen, dass die Bevölkerung mit Steuern überschüttet wurde.

Unser Geldmangel hatte mich von jeglichen Unternehmungen abgehalten. So hätte ich mir nicht einmal leisten können, nochmals nach Philadelphia zu fahren, um einen zweiten Anlauf zu unternehmen, nach meinem Vater zu forschen. Wir konnten uns kein Telefon leisten, so dass ich auch nicht die Möglichkeit hatte, meine Kontaktadressen abzutelefonieren. Pfarrer Berzins wollte ich nicht einschalten – ich schämte mich einfach meiner Armut. Gern wäre ich einmal nach Virginia Beach an den Strand gefahren, der angeblich einer der schönsten sein sollte. Aber wir konnten uns das Benzin nicht leisten.

Es war kurz nach Ostern. Jack kam freudestrahlend nach Hause und erzählte, dass er auf der Versetzungsliste nach Deutschland stehe. Es war unglaublich – so ein Glück. Wir schmiedeten sofort Pläne und hofften, dass wir in die Nähe von Nürnberg versetzt würden. Ich war total aufgeregt. Am nächsten Tag wurde unsere Freude begraben. Der zuständige Offizier in der Personalabteilung hatte Jack kaltlächelnd gesagt, dass er sofort nach Deutschland versetzt werden könnte, wenn er sich für weitere vier Dienstjahre verpflichten würde. Sollte er damit nicht einverstanden sein, würde er die Versetzungspapiere zerreißen. Ich war außer mir. Weitere vier Jahre – das kam überhaupt nicht infrage. Es war glatte Erpressung! Das wollte ich mir nicht gefallen lassen. Vor allem weil ich wusste, dass die Armee dem Recruiter für jeden verlängerten Dienstvertrag einen Bonus zahlte.

Einige Tage laborierte ich noch an dieser Enttäuschung, dann formte sich in mir ein Entschluss: Ich würde einen Brief schreiben und mich beschweren. Wohin sollte ich schreiben? Ganz klar – an den ›Oberbefehlshaber der gesamten Streitkräfte – Präsident Lyndon B. Johnson‹ im Weißen Haus. War Amerika nicht ein demokratisches Land? Gab es hier nicht Recht und Gesetz? Waren nicht alle gleich vor dem Gesetz?

Also setzte ich mich hin und schrieb:

Newport News, Virginia
27. April 1967

Sehr geehrter Herr Präsident,

bitte entschuldigen Sie, wenn ich Sie in einer persönlichen Angelegenheit bemühe. Aber da Sie der Oberbefehlshaber der gesamten amerikanischen Streitkräfte sind, bin ich der Meinung, dass ich Sie über mein Problem persönlich unterrichten muss und hoffe in dieser Angelegenheit auf Ihre Hilfe.

Mein Mann, Unteroffizier Jack Mitchell, dient seit 1962 in der U.S. Armee. Er ist ein guter Soldat und Patriot. Er wurde nach Virginia abkommandiert, um nach einer Trainingsphase nach Vietnam versetzt zu werden. Leider hat er sich im Dienst so schwer verletzt, dass er nun für den Kriegsdienst untauglich ist. Vor einer Woche erhielt er nun einen Versetzungsbefehl nach Deutschland. Als er sich in der Kommandantur die Unterlagen abholen wollte, wurde er von dem diensthabenden Karriereberater informiert, dass die Voraussetzung für den Auslandsdienst eine weitere Verpflichtung von vier Jahren voraussetze. Da mein Mann ablehnte, drohte sein Vorgesetzter die Order zu zerreißen.

Ich frage mich jetzt, ob das ein Akt von Erpressung war?

Darf man einen Soldaten auf diese Weise zu einer Weiterverpflichtung zwingen?

Sehr geehrter Herr Präsident, ich bin Deutsche und ich glaubte in ein Land gekommen zu sein, wo Fairness und Recht und Gesetz praktiziert werden, die Basis für Demokratie und Freiheit. Ich kann nur sagen, ich bin sehr enttäuscht!

Danke, dass Sie mir zugehört haben,
mit freundlichen Grüßen
Petra Mitchell

Am nächsten Morgen wartete ich auf den Briefträger und händigte ihm den Umschlag persönlich aus. Wer weiß – dachte ich – wahrscheinlich bringt es eh nichts, aber zumindest hatte ich mir meinen Ärger von der Seele geschrieben. Vorsichtshalber erzählte ich Jack nichts von dem Brief.

Weitere drei Wochen gingen ins Land. Michael wuchs und gedieh. Meine Eltern schlugen vor, dass wir den Sommer in Deutschland verbringen sollten. Sie boten an, die Flugkosten zu tragen, doch Jack konnte keinen Urlaub bekommen. Ich freute mich – wir planten die Reise für Juni.

An meinem Geburtstag holten wir die Flugtickets im Lufthansabüro in Newport News ab. Ich hielt sie in Händen wie einen Schatz. Am 20. Juni sollte der Abflug sein. Es gab schon eine lange Liste, was ich alles in der Heimat unternehmen wollte, so banale Dinge wie Pilze suchen und Heidelbeeren pflücken, ich träumte von Leberknödelsuppe, ein Fußballspiel besuchen oder alte Schulfreundinnen treffen. Es kam mir vor, als wäre ich zehn Jahre abwesend gewesen.

Eine Woche vor Abflug hörte ich – ungewöhnlich zur Mittagszeit – unser Auto auf dem Schotterweg die Einfahrt hereinschlittern. Es kam mit einem langen, lauten Knirschen der Reifen kurz vor der Eingangstür zum Stehen. Jack sprang aus dem Wagen, in der Hand ein Bündel Papiere, und stürmte ins Haus.

»Petra!«, schrie er, »verdammt, was hast du bloß angestellt? Mein Kommandeur hat mich fast umgebracht. Sieh dir diesen Stapel Papiere an!«

Sein Gesicht hatte eine rötliche Farbe angenommen und seine Augen blitzten vor Ärger.

»Hast du einen Brief nach Washington geschrieben? Wann war das?«

Ich wollte antworten, aber er ließ mich nicht zu Wort kommen.

»Warum hast du mir nichts erzählt? Captain Ashley war wild wie ein Stier. Hier, dein Brief an Präsident Johnson und 30 Anlagen dahinter. Von jeder durchlaufenen Instanz eine!«

Jack klatschte das Bündel Briefe auf den Küchentisch und sah mich auffordernd an.

»Jack, die Militärbehörden wollten dich einfach erpressen, damit du dich noch weitere vier Jahre verpflichtest, um eine Versetzung nach Deutschland durchzusetzen. Das wollte ich nicht akzeptieren und deshalb habe ich den Brief geschrieben!«

Jack lief in der Küche auf und ab, wie ein gehetztes Tier – »was mache ich jetzt, Petra?«

Ich wusste nicht, ob ich lachen oder weinen sollte. Ich, die kleine unbedeutende Soldatenfrau Petra, hatte ein Erdbeben ausgelöst. Präsident Lyndon B. Johnson hatte geantwortet! Wenn auch nicht persönlich, aber durch die komplette Militärhierarchie, bis hinunter zum Gefreiten Jack Mitchell.

Als wir uns langsam wieder gesammelt hatten, erklärte er mir, dass Captain Ashley mich persönlich anrufen würde, um mir die Gründe der Ablehnung zu erklären. Ein Auslandseinsatz setzte immer eine Mindestdauer von vier Jahren voraus.

Tatsächlich rief mich am nächsten Tag Jacks Kommandeur bei unserer Vermieterin Anne Richardson, die mich schnell ans Telefon holte, an und erläuterte sehr höflich, welche Gründe ausschlaggebend waren, Jack von der Versetzungsliste zu streichen. Zähneknirschend musste ich eingestehen, dass ich wohl eine Schlappe erlitten hatte, aber trotzdem war ich stolz darauf, allen gezeigt zu haben, dass man sich nicht erpressen lassen muss.

Ich saß sozusagen auf gepackten Koffern – zwei Tage vor Abflug nach Deutschland – als Jack abends nach Hause kam, ein Telegramm in den Händen haltend. Er sagte grinsend: »Lies das!«

Ich las den kurzen Text mit Verwunderung: »Unteroffizier Jack Mitchell ist ab sofort wieder auf der Versetzungsorder nach Deutschland.« Es war unterzeichnet von der Militärverwaltung in Washington D.C.

»Was heißt das jetzt?« flüsterte ich nur

»Das heißt«, sagte Jack, »dass meine Versetzung nach Deutschland von oberster Stelle bewilligt wurde und wir uns alle drei auf den Weg machen können!«

Was war das wieder für ein Quatsch? Hatte mir Captain Ashley nicht erst vor ein paar Tagen erklärt, dass es nicht ginge? Das war bestimmt wieder so ein dummer Fehler der Armee. Ein zweites Mal würde ich mich nicht zur Freude hinreißen lassen, um dann wieder enttäuscht zu werden. Doch am nächsten Morgen ging Jack sofort in die Administration und holte sich die entsprechenden Papiere – voraussichtliche Stationierung in Fürth/Bayern – ab. Es war also wirklich wahr. Ich hatte den amerikanischen Präsidenten in die Knie gezwungen.

America, good bye!

ZURÜCK

In der ersten Zeit wohnten wir bei meinen Eltern, bis wir eine eigene Wohnung gefunden hatten. Langsam verblasste die erlebte Odyssee in Amerika und ich begann, mich in den mir vertrauten deutschen Alltag einzufinden. Zum Glück konnte ich wieder in meiner ehemaligen Firma arbeiten, während meine Mutter auf Michael aufpasste.

Im April 1968 wurde Jack mit einem European Discharge in Deutschland aus der Armee entlassen, so dass er nicht nochmals nach Amerika zurückkehren musste. Endlich frei! Die Situation am Arbeitsmarkt war mehr als günstig. Es gab genug offene Stellen, so dass Jack nach kurzer Zeit bei der Firma Grundig in Nürnberg als Auslandskorrespondent Arbeit fand. Er sprach inzwischen ganz gut Deutsch, so fiel es ihm auch nicht schwer sich zu integrieren.

Nach einigen Jahren – Michael ging inzwischen in die erste Klasse – hatte ich mich in meiner ehemaligen Firma gut etabliert und war inzwischen zur Abteilungsleiterin aufgestiegen. Mein Kollege, Walter Trautmann, fiel plötzlich wegen Krankheit längere Zeit aus, dies auch noch mitten in der Hochsaison der geschäftlichen Aktivitäten. Unsere Kunden – meist amerikanische Einkäufer – kamen in Scharen nach Europa, vor allem zu Fachmessen und Einkaufstagungen. Mein Chef, Herr Wettstett, war ziemlich verzweifelt, da ein Ersatz für Walter aufgrund seiner langjährigen Erfahrung und Kompetenz nicht schnell zu finden war. Ich nahm allen Mut zusammen und bot an einzuspringen. Zuerst war Herr Wettstett etwas skeptisch, aber Frau Wettstett hatte den Mut, mir diese Aufgaben anzuvertrauen.

»Natürlich nur kommissarisch«, meinte ihr Mann, »bis Walter wieder fit ist«.

Das war mir egal – ich bekam meine Chance.

Meine erste Reise führte mich nach Köln zur Haushaltswarenmesse. Dort wartete eine Gruppe von Einkäufern aus New York auf mich. Es mussten Aufträge für alle Warenhäuser der Gruppe platziert werden. Ehrlich gesagt war ich ziemlich nervös, denn Kollege Trautmann. war auch noch der Top-Verkäufer unserer Firma, so dass ich mir überlegte, wie ich die Verhandlungen erfolgreich zum Ziel führen könnte, ohne mich zu blamieren. »Das Glück gehört dem Tüchtigen«, hatte meine Oma oft gesagt. Sie hatte Recht. Ich arbeitete drei Tage ohne einmal Luft zu holen. Dann kam die Stunde der Wahrheit – ich addierte meine Aufträge zusammen. Genau gesagt, ich addierte sie wieder und immer wieder, denn das Resultat war für mich unfassbar. Zum Schluss verrieten mir die Zahlen, dass ich den Umsatz des Vorjahres verdoppelt hatte.

Erst dann griff ich zum Telefon und rief meine Chefin an. Ich gab ganz sachlich einen Situationsbericht ab. Zuerst war Stille am anderen Ende der Leitung. Ich wurde nervös – vielleicht war sie nicht zufrieden oder ich hatte einen Fehler gemacht?

»Petra, sind Sie wirklich sicher, dass diese Zahlen stimmen?«

»Ja, Frau Wettstett, ich habe alles mehrmals gerechnet!«

»Mädchen,« sagte sie, »das ist ja eine Sensation!«

Ich war richtig stolz auf dieses Lob. Schnell rief ich Jack an, um ihm die Neuigkeit zu erzählen. Er freute sich, aber im Hintergrund meinte ich in seinen Worten auch etwas Neid mitklingen zu hören. Aber vielleicht hatte ich mir das nur eingebildet.

Die Jahre die folgten brachten mir einen sukzessiven Aufstieg auf der Karriereleiter. Ich durfte mich Market-Representative nennen und bekam ein eigenes Sachgebiet und auch eine Ländergruppe. Jack hatte sich in beruflichen Fortbildungskursen an der Volkshochschule weitergebildet, und arbeitete inzwischen als Produktionsplaner in der Abteilung für Fernsehgeräte.

Amerika war in meinen Gedanken weit weg gerückt, so auch das Bedürfnis, weiter nach meinem Vater zu suchen. Ich schob den Gedanken ständig vor mir her und erfand alle möglichen Gründe, warum ich ihn gar nicht mehr finden wollte. Wahrscheinlich hing es mit meiner maßlosen

Enttäuschung zusammen, dass Amerika mir nicht das gegeben hatte, was ich erhofft hatte. Ich identifizierte die Amerikaner mit den Menschen, die ich dort getroffen hatte. Tatsache war, dass ich keinen Draht zu ihnen gefunden und sehr an Isolation gelitten hatte. Während meiner ersten Reise schien alles toll zu sein, ich hatte eine Vielfalt von guten Eindrücken von Land und Leuten nach Deutschland mitgenommen. Nur ein Jahr später waren wir plötzlich einem täglichen Überlebenskampf ausgesetzt. Der Schock saß für lange Zeit sehr tief. Vielleicht brachte ich meinen Vater auch damit in Verbindung. Es war fast schon Ablehnung. Wahrscheinlich wollte er sowieso nichts mit mir zu tun haben, sonst hätte er ja die Briefe meiner Mutter beantwortet. Ich schob ihn in eine Schublade und machte sie für einige Jahre zu.

Wir waren begeisterte Camper. Schon deshalb, weil wir uns nicht leisten konnten, Urlaub in einem Hotel zu verbringen. Wir kauften uns einen Wohnwagen und verbrachten drei Wochen jeden Sommer in verschiedenen Ländern. So führte uns der Weg im Sommer 1974 nach Ungarn an den Plattensee. Wie das auf Campingplätzen so ist, man kommt schnell ins Gespräch mit den Nachbarn. Wir lernten eine sehr nette Familie aus der DDR kennen, die wir bereits einige Tage beim Essen beobachtet hatten und darüber rätselten, ob diese Leute vielleicht die ungarische Küche verschmähten, denn sie hatten ein ganzes Lager an Konserven mit. Lediglich Obst und Gemüse kauften sie auf dem Bauernmarkt ein. Neugierig wie ich war, entschloss ich mich die ganze Familie – Elvira, Christian und ihre Tochter Kristin – zum Grillen einzuladen, um sie näher kennenzulernen.

Erleichtert stellte ich fest, dass sie sehr normal waren und einen gesegneten Appetit hatten. Nach ein paar Gläsern ungarischen Weins, fragte ich sie nach den ominösen Einmachgläsern. Sie blickten etwas verlegen drein, so dass es mir schon Leid tat, gefragt zu haben. Christian holte tief Luft und begann über das Leben einer Familie in der DDR zu erzählen. Man musste schon sehr privilegiert sein, überhaupt eine Ausreisebewilligung in ein anderes sozialistisches Land zu bekommen. Sobald diese Hürde genommen war, konnte man nur einen kleinen, begrenzten Geldbetrag in die Landeswährung des Gastlandes umtauschen. Dieser Betrag war so gering, dass den Menschen nichts anderes übrig blieb, als einen großen Teil ihrer Lebensmittel mitzuführen. Aus Mangel an frischem Obst und Gemüse, vor allem Zitrusfrüchten oder Bananen, sparte man das Reisegeld für solche Produkte. In den nächsten zwei Wochen erfuhren wir noch viele Details über das Leben auf der anderen Seite der Mauer. Ich war schockiert. Freilich kannte ich Leipzig, denn ich fuhr zweimal im Jahr dorthin zur Messe. Aber ich hatte meistens nur Kontakt mit Geschäftspartnern gehabt. Allerdings erinnerte ich mich sehr wohl an einige Schikanen und meine ersten DDR-Erfahrungen.

Anlässlich meiner ersten Geschäftsreise nach Leipzig fuhr ich einen Mietwagen. An der Zonengrenze wurde ich von einem Grenzposten aufgefordert, die Rückbank aus dem Auto zu entfernen. Ich starrte ihn sprachlos an. »Wie soll ich die Rückbank herausnehmen – ich bin doch kein Mechaniker?«, sagte ich. »Wenn man so ein Auto fährt, muss man auch Werkzeug dabeihaben!« erhielt ich die lakonische Antwort.

Mein Instinkt sagte mir, dass er als Gewinner hervorgehen würde, also blickte ich hilflos umher, bis er mit saurer Miene in eine Blechdose griff und mir einen Schraubenschlüssel zuwarf. Es wurde alles genau gefilzt, ein Spiegel unter den Wagen geschoben und im Einreisebüro musste ich noch 25 amerikanische Dollar pro Tag als Visagebühr entrichten, bis ich endlich Richtung Leipzig weiterfahren konnte. Dort angekommen fand ich heraus, dass ich mich im Alten Flughafen Leipzig registrieren lassen musste, um einen Messeausweis sowie ein Quartier zu bekommen. Als ich am Anmeldeschalter endlich an der Reihe war, schob mir eine uniformierte Person, nach langem Getuschel mit ihrer Kollegin und unfreundlichen Blicken, einen Zettel über die Theke.

»Das ist die Adresse für Ihr Quartier. Ich bekomme jetzt 60 Westmark von Ihnen für zwei Nächte.«

Inzwischen war es schon dunkel geworden. Ich holte meinen Stadtplan hervor, fand darauf die angegebene Straße und fuhr los. Nach gut einer Stunde hatte ich mein Ziel immer noch nicht erreicht und mir kamen ernsthafte Zweifel, ob ich mich vielleicht verfahren hatte. Die Straßen waren stockdunkel bis auf einige fast blinde Laternen, so musste ich öfters anhalten, um im Licht der Autoinnenbeleuchtung die Karte lesen zu können. Plötzlich fand ich mich in einer dunklen Straße, links und rechts sah ich düstere Fabrikgebäude. Ein Taxi fuhr an meinem Wagen vorbei – ich war erleichtert, denn bestimmt konnte mir der Fahrer helfen. Also signalisierte ich ihm – er hielt an. Nach eingehendem Studium meines Quartierzettels meinte er in breitem Sächsisch:

»Gnädige Frau, diese Straße gibt es zwar, aber es gibt hier weder eine Pension noch ein Hotel. Wer hat Sie denn hierher geschickt?«

Ich erklärte es ihm. Er sah mich nachdenklich an und nach kurzem Überlegen sagte er:

»Ich habe eine Idee, kann aber nichts versprechen. Fahren Sie hinter mir her!«

Das ließ ich mir nicht zweimal sagen. Nach etwa 10 Minuten hielt er vor einen Plattenbau und deutete mir an zu warten. Endlich kam er wieder, zusammen mit einem Mann und einer Frau.

»Kommen Sie«, sagte die Frau, »wir haben ein Zimmer für Sie!«

Was blieb mir anderes übrig, wenn ich nicht auf der Straße bei Minusgraden übernachten wollte. Dankbar gab ich dem Taxifahrer 10 DM. Er bedankte sich überschwänglich. Es stellte sich heraus, dass die beiden – Herr und Frau Friedrich – in Windeseile das Kinderzimmer ausgeräumt hatten, um es mir als Gästezimmer anzubieten. Am nächsten Tag erzählten sie mir, dass sie sich eigentlich strafbar gemacht hätten, einen West-Gast ohne polizeiliche Anmeldung zu beherbergen. Als sie über den Taxifahrer, Frau Friedrichs Bruder, gehört hatten, wie man mich übers Ohr hauen wollte, waren sie so empört, dass sie es nicht verantworten konnten, mich wegzuschicken. Mir war das auch peinlich, denn ich wollte auf keinen Fall, dass sie Schwierigkeiten bekämen. Am nächsten Morgen holten wir die Anmeldung nach. In den Jahren danach war ich zur Leipziger Messe Familie Friedrichs Logisgast und ich konnte sie mit kleinen Geschenken aus dem Westen erfreuen.

NEW YORK

Im Jahr 1976 - meine Firma erfreute sich eines sehr guten Geschäftsergebnisses und die Aussichten auf eine weitere Umsatzsteigerung waren gut, Amerika feierte sein 200-jähriges Jubiläum, The Bicentennial Year. Es bestand die Notwendigkeit, einen Mitarbeiter unserer Firma für einige Wochen in die USA zu schicken, um die einzelnen Warenhäuser zu besuchen, und auch an den Einkaufstagungen in der New Yorker Zentrale teilzunehmen. Zu meiner großen Freude und Überraschung fiel die Wahl auf mich.

Einen Monat später stand ich in New York auf der Fifth Avenue, wohnte im Hotel Barbizon Plaza und fühlte mich wie eine Königin. Es waren genau neun Jahre vergangen, seit ich amerikanischen Boden verlassen hatte. Als ich mich umsah, fand ich ein anderes Amerika vor. Hatte es sich verändert? Oder hatte ich mich verändert? War es vielleicht diese Stadt New York, die niemals schläft, die mich mit ihren Farben, pompösen Gebäuden, Verkehrslärm, gehetzten Menschen aller Couleur beeindruckte? Ich ließ die Atmosphäre einfach auf mich wirken. Am Wochenende hatte ich Gelegenheit Museen, Kunstausstellungen, das Empire State Building, Ellis Island, Rockefeller Center, nette Restaurants und unzählige Geschäfte zu besuchen.

Petra, in dieser Stadt könntest du leben – dachte ich mir!

Abends im Hotel stöberte ich durch die zahlreichen Broschüren, die ich auf dem Schreibtisch liegend fand. Darunter waren auch einige dicke Telefonbücher. Die ersten beiden bezogen sich auf New York und Umgebung, die anderen auf größere Städte der angrenzenden Staaten. Plötzlich hielt ich das Telefonbuch von Philadelphia in der Hand. Wie ferngesteuert suchte ich den Buchstaben F, fuhr mit dem Zeigefinger die Namensreihe herunter, bis ich auf den mir so vertrauten Namen Fontano stieß. Es gab drei Einträge, zwei mit Vornamen P, einen mit J als Anfangsbuchstaben. Meine Gedanken jagten sich. Sollte eines der beiden ›P‹ er sein? Und wenn ja, was sage ich zu ihm? Sollte ich sagen: ›Hallo, bist du mein Vater?‹ Während ich überlegte, spielte ich in Gedanken alle möglichen Varianten durch. Ich entschloss mich zu einer Notlüge, griff zum Telefon und wählte die erste Nummer.

Der typisch amerikanische Wählton klang in meinen Ohren. Ich hatte feuchte Hände und zitterte innerlich. Jemand hob ab! Eine Frauenstimme meldete sich: »Hello!«

Ich holte tief Luft: »Ja, hallo! Mein Name ist Petra. Ich bin eine Touristin aus Deutschland. Freunde nannten mir den Namen Peter Fontano und baten mich, mit ihm Kontakt aufzunehmen. Sie haben ihn vor vielen Jahren, nach dem Krieg, kennengelernt und möchten gerne wissen, was aus ihm geworden ist. Sie würden gerne mit ihm in Verbindung treten.«

Am anderen Ende der Leitung war eine kurze Pause.

»Es tut mir Leid, Petra, ich fürchte ich kann Ihnen nicht helfen. Mein Mann ist zu jung, als dass er im Zweiten Weltkrieg gedient haben könnte!«

Ich bedankte mich höflich und wandte mich dem zweiten ›P‹ zu.

Ein Mann bellte förmlich in das Telefon »Hello!«.

Nochmals erzählte ich die gleiche Geschichte. Es war plötzlich ganz still. Ich dachte schon die Leitung wäre tot, bis ich ihn nach etwa 10 Sekunden sagen hörte:

»Ich kenne niemanden, der so heißt, und es wohnt auch niemand mit solchem Namen hier!« Dann hatte er aufgelegt.

So ein unfreundlicher Mensch. Sollte ich weitermachen oder wieder aufgeben? Also rief ich nochmals die Telefonauskunft an und erkundigte mich nach der Adresse des unfreundlichen Herrn mit dem Anfangsbuchstaben ›P‹.

Die freundliche Telefonistin sagte »1506 Lincoln Road, South 10th Street«.

Ich legte langsam den Hörer auf und starrte auf die Notiz, die ich mitgeschrieben hatte. Wer war wohl dieser Mann am Telefon gewesen? Hatte ich soeben mit meinem Vater gesprochen? Offensichtlich hatte er gelogen. Was sollte ich tun?

Ich entschied mich, mein Glück ein letztes Mal zu versuchen und rief bei J. Fontano an. Im Telefonbuch war seine Adresse im Vorort Upper Darby angegeben. Die Stimme eines Anrufbeantworters informierte mich, dass er nicht zu Hause sei, aber nach dem Piepton könnte ich eine Nachricht hinterlassen. Ich konnte mich nicht dazu durchringen, mein Anliegen auf Band zu sprechen – also legte ich den Hörer wieder auf und nahm mir vor, es am nächsten Tag nochmals zu versuchen.

Am nächsten Morgen brachte mir ein Hausbote ein Telefax aus Deutschland. Meine Firma schickte mich nach Los Angeles zu einer Einkaufstagung und auf der Rückreise sollte ich noch ein paar Tage in Indianapolis bei *L.S. Ayres Department Stores* verbringen. Ich war mit den Vorbereitungen auf die kommenden Aufgaben und Gespräche so beschäftigt, dass ich den Anruf bei J. Fontano vergaß.

Nach zehn Tagen verließ ich Amerika mit dem Gefühl, in meinem Privatleben wieder mal etwas angestoßen, aber nichts Konkretes erreicht zu haben.

Die nächsten Jahre forderten mich sehr. Es fing damit an, dass ich den Eindruck hatte, Jack würde am Abend, wenn er aus dem Büro nach Hause kam, nach Alkohol riechen. Darauf angesprochen erhielt ich verschiedene Ausflüchte über die Gründe. Ein Kollege hätte Geburtstag gefeiert, jemand sei Vater geworden und hätte eine Runde spendiert oder es handele sich nur um ein paar Schnapspralinen, oder ich bilde mir das nur ein. Wahrscheinlich wollte ich es glauben, weil es so einfacher war. Jack hatte einen guten Job und ich liebte meinen Beruf. Michael ging nachmittags zu Oma und Opa und ich hatte den Eindruck, dass alles gut lief und wir eine ganz normale Familie wären.

Bis zum 24. Dezember 1978 – Heiligabend, als ich einen Brief von Jacks Arbeitgeber im Briefkasten fand. Ich öffnete ihn und starrte entsetzt auf die Überschrift ›Fristlose Kündigung.‹ In dem Schreiben wurde Jack vorgeworfen, dass er trotz mehrmaliger Abmahnung alkoholisiert am Arbeitsplatz angetroffen worden war. Jack hatte alle möglichen Erklärungen dafür und versprach Besserung. Ich war maßlos enttäuscht, hatte Angst um unsere Zukunft und suchte Gründe für dieses Problem. Zu unserem Glück bot der Arbeitsmarkt zahlreiche offene Stellen, so dass Jack sehr schnell eine neue Arbeitsstelle fand. Nun würde alles wieder in guten Bahnen laufen. Dachte ich!

Michael präsentierte in seinem Zeugnis ein Vier in Religion. Auf die Frage, was man in Religion denn falsch machen könnte, damit man eine solche Note bekommt, antwortete er: »Meine Religionslehrerin, Frau Riese, hat gesagt, weil ich ein Ami bin – und das waren schließlich unsere Feinde – werde ich nie eine bessere Note bei ihr bekommen! Sie hat auch gesagt, wenn die nicht gewesen wären, hätten wir den Krieg gewonnen!«

In diesem Moment kam so einiges in mir hoch. Sollte jetzt mein Sohn aufgrund seiner Herkunft den gleichen Spießrutenlauf mitmachen, den ich während meiner gesamten Kindheit durchgemacht hatte? Das würde ich nicht zulassen. Gleich am nächsten Tag wurde ich in der Schule vorstellig und stellte Frau Riese zur Rede. Sie bestätigte mir genau diesen Wortlaut und ließ keinen Zweifel daran, dass Michael bei ihr eine schwere Zeit durchmachen würde. Ich prophezeite ihr, dass sie Schwierigkeiten mit mir bekommen würde. Es schien ihr egal zu sein. Mein nächster Weg führte mich zu Pfarrer Schmidt, der als Ortspfarrer für den Religionsunterricht in der Schule verantwortlich war. Er hörte sich meine Ausführungen geduldig an, ließ aber durchblicken, dass er Frau Riese unterstützen müsste. Wir lebten schließlich in einer Demokratie und sie könnte deshalb ihre Meinung frei äußern. Wahrscheinlich hätte mein Sohn ihr auch Anlass zu einer solchen Beurteilung gegeben, war seine Schlussfolgerung.

Mit Sicherheit hatte Pfarrer Schmidt mit Michaels Religionslehrerin über meinen Besuch gesprochen, denn die Reaktion ließ nicht lange auf sich warten. Einige Tage waren vergangen, als Michael weinend von der Schule nach Hause kam. Er hatte eine blutige und geschwollene Nase. Frau Riese war handgreiflich geworden. Ich beschwerte mich umgehend beim hiesigen Schulamt. Es dauerte genau drei Monate, bis Frau Riese die Schule verlassen musste. Ich trat aus der Kirche aus.

Mein Eindruck, dass Jacks Alkoholproblem nur vorübergehend gewesen war, stellte sich bald als falsch heraus. Es gab immer wieder Anlässe, die mich zweifeln ließen. Ich fand kleine Schnapsflaschen hinter Möbeln, unter dem Fahrersitz des Autos, in der Garage oder im Keller. Ich begann darüber nachzudenken, was der Grund sein könnte, suchte die Schuld bei mir. So kam ich auf den Gedanken, dass meine Reisetätigkeit für ihn ein Problem darstellte. Mir war öfters aufgefallen, dass er am Telefon lallte, wenn ich ihn von unterwegs anrief. Auch die Nachbarn hatten vorsichtige Andeutungen gemacht.

Schweren Herzens fällte ich eine Entscheidung. Ich würde mir eine andere Arbeitsstelle suchen, die keine Reisetätigkeit voraussetzte. Dies würde mir mehr Zeit geben, mich um meinen Mann und mein Kind zu kümmern. Wenige Wochen darauf fand ich ein Stellenangebot in der Zeitung. Gesucht wurde die Assistentin des Marketing Direktors in einem namhaften Industrieunternehmen. Das klang gut. Ich schrieb eine Bewerbung und wartete ab. Bereits drei Tage später meldete sich der Personalleiter dieser Firma und lud mich zu einem Vorstellungsgespräch ein. Es ging dann alles sehr schnell. Die Stelle wurde mir angeboten und ich griff zu. Wir zogen um nach Herzogenaurach. Michael wechselte die Schule und Jack hatte ebenfalls einen neuen Arbeitsplatz gefunden, bei General Electric, als Exportsachbearbeiter. Die Firma war nur wenige Kilometer von unserem neuen Heim entfernt. Ich sprang hochmotiviert mit beiden Beinen in eine neue Aufgabe.

Am Ort gab es einen deutsch-amerikanischen Club. Wir lernten eine nette amerikanische Familie, Julia und Richard Williams mit ihren drei Söhnen, kennen. Irgendwann erzählte ich ihnen von meinem Vater, dass ich schon so nahe daran gewesen war ihn zu finden, mich beim ersten Mal der Mut verlassen hatte und beim nächsten Anlauf gewisse Schwierigkeiten aufgetreten waren. Inzwischen wusste ich nicht einmal mehr, ob ich ihn überhaupt kennenlernen wollte. Julia und Richard machten mir wieder Mut. Sie meinten, Peter müsste inzwischen schon Mitte 50 sein. Wenn er Kinder hatte, dann wären diese bereits erwachsen und vielleicht würde er sich darüber freuen, dass es eine Tochter in Deutschland gab. Das Gespräch ging mir tagelang durch den Kopf. Ich überlegte, wie ich herausfinden könnte, ob der unfreundliche Herr von damals mein Vater gewesen war. Richard meinte, man müsste jemanden zu der Adresse schicken, um das herauszufinden. Mir fiel Pfarrer Berzins ein. Kurzerhand rief ich ihn an. Am Telefon meldete sich seine Tochter. Es machte mich traurig zu hören, dass er im vorigen Jahr verstorben war. Dieser Weg war also versperrt. Es musste einen anderen geben.

Ich hatte schon einmal jemanden als Kurier benutzt, damals 1966, um meinem Mann eine Nachricht zu schicken. Der County Sheriff hatte mir geholfen. Warum sollte ich nicht auch in diesem Fall die Hilfe der Obrigkeit in Anspruch nehmen? Über die Auslandsauskunft verschaffte ich mir die Telefonnummer des Polizeipräsidiums in Philadelphia. Ich ließ mich mit der Abteilung für Missing Persons verbinden. Ein Mann meldete sich:

»Abteilung für vermisste Personen, Captain Mulroney am Apparat! Was kann ich für Sie tun?«

Erst zögerlich, dann aber mit jedem Wort selbstbewusster, trug ich Captain Mulroney mein Anliegen vor. Er hörte mir geduldig bis zum letzten Satz zu, der damit endete, dass ich ihn bat eine Streife zur Adresse von P. Fontano zu schicken, um ihn zu befragen.

»Gut, Madam, lassen Sie mich einen Moment überlegen, bitte bleiben Sie am Telefon!«

Im Hintergrund hörte ich ihn mit jemandem sprechen, bis er endlich wieder den Hörer aufnahm. Er sagte, dass dies wohl ein besonderer Fall sei, in seiner ganzen Laufbahn wäre noch nie ein solches Ansinnen an ihn herangetragen worden. Ich hielt den Atem an, denn ich befürchtete eine Abweisung.

»Ok, Madam, wir machen das!«

Ich bedankte mich überschwänglich und fragte, wann ich ihn wieder anrufen dürfte. Er meinte, in zwei Tagen müssten sie ein Resultat in irgendeiner Form haben.

Die Zeit wollte nicht vergehen. Ich war sehr nervös und am übernächsten Tag musste ich ständig auf meine Armbanduhr sehen, weil ich es kaum erwarten konnte mit Captain Mulroney zu sprechen. Endlich sprang der Zeiger auf 18 Uhr. Ich wählte die Telefonnummer in Philadelphia. Captain Mulroney war selbst am Telefon. Er begann das Gespräch damit, dass er eine gute und eine schlechte Nachricht für mich hätte, welche ich zuerst hören wolle. Natürlich wollte ich zuerst die gute hören. Die Polizisten hatten einen älteren Herrn angetroffen, der ziemlich verärgert reagierte, als die Beamten ihn über die Hintergründe ihres Besuches informierten. Die schlechte Nachricht war, dass er steif und fest schwor, keinen Peter Fontano zu kennen – sein Name war Giovanni Fontano, 91 Jahre alt. Ich rechnete schnell nach und kam zu dem Resultat, dass er mein Großvater sein könnte. Captain Mulroney hatte den gleichen Verdacht geäußert – das war für ihn die gute Nachricht gewesen. Er ermutigte mich, an Giovanni dranzubleiben. Allerdings war von seiner Seite keine weitere Hilfe möglich. Ich bedankte mich bei ihm. Er wünschte mir alles Gute.

So sehr ich auch wollte, ich fand einfach keine Kraft meine Recherchen weiter zu betreiben. Jacks Alkoholprobleme wurden immer offensichtlicher. Ich wusste mir keinen Rat mehr. Es folgten Chaosjahre. Er verlor immer wieder seinen Arbeitsplatz und ich war gezwungen, mehrere Jobs gleichzeitig anzunehmen, um die Familie über Wasser zu halten. Inzwischen hatte Michael eine Bäckerlehre begonnen, aber das bescheidene Lehrgeld konnte nicht viel zum Haushaltseinkommen beitragen.

Morgens um vier trug ich Zeitungen aus, um 7 Uhr ging ich ins Büro und um 16 Uhr direkt in die amerikanische Kaserne, wo ich bis 22 Uhr im Jugend-Freizeitcenter arbeitete. Kaum hatten wir uns etwas erholt, fuhr Jack das Auto zu Schrott. Schließlich ging ich auf die Barrikaden und stellte ihn vor die Wahl – Entzug oder ich würde ihn verlassen. Er ging ins Sanatorium. Nach zwei Wochen stand er wieder vor der Tür – hinausgeworfen wegen Rückfalls. Er hatte heimlich getrunken. Meine Hoffnungen waren zunichte. Ein Jahr später und nach Verlust des Hauses, weil wir die Hypotheken nicht mehr bezahlen konnten, war Jack zu einem zweiten Entzug bereit. Die gleiche Prozedur wie zuvor – eine Woche Entgiftung, dann ins Sanatorium. Und wieder hoffte ich, dass er es diesmal durchhalten würde. Nach sechs Wochen kam er zurück – schon als er aus dem Zug stieg sahen Michael und ich, dass er nicht nüchtern war. Michael brach in Tränen aus – er hatte so sehr gehofft, dass sein Vater diesmal trocken geblieben wäre.

VERSPRECHEN

Während dieser schweren Zeit bekam ich plötzlich Besuch. Eines Tages läutete es an der Haustür und als ich öffnete, blickte ich in das Gesicht von Lee. Gänsehaut überzog mich. Ich konnte vor Schreck garnichts sagen und starrte ihn mit großen Augen an. Auch er war von dem Moment des plötzlichen Gegenüberstehens überrascht.

»Hi, Petra, da staunst du, was!«

Es dauerte vielleicht eine halbe Minute, bis ich mich fing und meiner Überraschung freien Lauf ließ.

»Lee, wo kommst du her? Wie hast du mich gefunden?«

Nach dem ersten Schock freute ich mich riesig ihn zu sehen und bat ihn herein. Etwas unbeholfen versuchte er zu erklären, wie er überhaupt zu mir gefunden hatte. Lee war noch Soldat, in Hanau stationiert und auf der Rückfahrt von einer Dienstreise. Er gab an, in der Nähe gewesen zu sein – dies nach fast 20 Jahren – und hatte sich spontan entschieden, mich zu besuchen. Wir saßen in der Küche, jeder versuchte im Schnellgang zu erzählen wie sein Leben in den vergangenen Jahren verlaufen war. Ich fragte ihn, ob er Lust hätte meine Eltern zu besuchen, die in der Nähe wohnten. Er zögerte etwas, meinte aber dann, es wäre eine gute Idee. Schnell schnappte ich mir eine Jacke, stieg in sein Auto und wir fuhren auf die Autobahn.

Neben ihm sitzend, spürte ich ganz stark seine Nähe – plötzlich bekam ich kein Wort mehr heraus. Mir wurde bewusst, dass sich meine Gefühle für ihn selbst nach dieser langen Zeit nicht geändert hatten. Auch Lee war schweigsam. Am ersten Autobahnparkplatz fuhr er herunter und hielt an. Er drehte sich wortlos zu mir, sah mich sehr intensiv an, dann nahm er mich in die Arme und hielt mich minutenlang fest. Ich fühlte wie er zitterte, auch ich hatte Herzklopfen. Die Situation war so emotionsgeladen, dass es uns schwer fiel voneinander zu lassen.

»Lee!« flüsterte ich »sag mir warum?«

Er wusste sofort was ich meinte und sah mich lange an. Ich erkannte den Schmerz in seinen Augen – mir ging es nicht besser. Die Gefühle waren auch bei Lee noch alle da – nichts hatte sich geändert. Wir waren uns wortlos darüber klar.

»Mein Gott, Petra, was habe ich dir bloß angetan!«

Die Worte sprudelten jetzt nur so aus seinem Mund.

»Ich habe dich verloren, obwohl ich das nicht wollte – glaube mir, ich konnte nicht anders. Ich war damals in einer furchtbaren Lage!«

Lee studierte mein Gesicht, anscheinend um meine Reaktion zu sehen. Ich sah ihn fragend an.

»Jeden Tag mache ich mir Vorwürfe, jeden Tag frage ich mich, warum uns das Glück nicht vergönnt war!«

Meine Hand suchte die seine, er tat mir plötzlich furchtbar leid.

»Warum hatte ich nicht den Mut, dir die Wahrheit zu sagen? Ich habe dich nie vergessen und kann es immer noch nicht.«

Er streichelte liebevoll mein Gesicht.

»Du bist die einzige Frau, die ich jemals geliebt habe und noch liebe.«

Ich musste das erst einmal verdauen und versuchen meine Gedanken zu ordnen.

»Was meinst du mit furchtbare Lage? Sag mir doch endlich, Lee, was habe ich damals falsch gemacht. War es, weil ich nicht mit dir schlafen wollte oder weil ich so jung war oder was war es?«

Lee überlegte, die Hände am Lenkrad, die Knöchel weiß, als wollte der das Rad zerquetschen. Er drehte sich zu mir, Tränen in den Augen.

»Petra, erinnerst du dich an die Tage in Weiden? In der Nacht, als du zu mir kamst und wir eine Weile zusammen auf der Couch lagen?«

»Ja, sicher erinnere ich mich, es war eine schöne Zeit.«

»Nachdem du gegangen warst, stand plötzlich deine Mutter an meinem Bett. Sie trug nur einen BH und ihren Slip. Es war eindeutig. Sie beugte sich zu mir herunter und küsste mich.«

Ich blickte ihn schockiert an.

»Was sagst du da, Lee, das hast du dir nur eingebildet!«

»Nein, lass mich weiter erzählen. Ich wusste nicht, was ich machen sollte, ich habe sie abgewiesen und es irgendwie geschafft ihr klar zu machen, dass ich nicht mit ihr schlafen würde. Aber nach diesem beschämenden Zwischenfall, konnte ich dir nicht mehr in die Augen sehen. Ich wusste auch nicht, wie ich damit umgehen sollte, wenn ich zu dir nach Hause käme. Würde sie sich nochmals anbiedern und könnte ich dann wieder nein sagen. Petra, ich war erst 19! Verzeih mir, ich wusste keinen anderen Ausweg, um dich und mich zu schützen. Ich habe feige die Flucht ergriffen!«

Mein Herz begann plötzlich ganz wild zu klopfen. Hatte ich richtig gehört? Lee behauptete, meine Mutter wollte ihn verführen? Nein, nein, nein ... ich konnte das nicht glauben. Oder doch? Lee sagte die Wahrheit – ich wusste es in diesem Moment. Meine Mutter hatte unser Leben und unsere Träume zerstört. Sie wollte nicht, dass wir unsere Liebe leben durften, dass Lee und ich eine Zukunft haben würden. Ich konnte die Tränen nicht mehr zurückhalten. Wir saßen beide weinend im Auto, weil uns bewusst wurde, was dies alles bedeutete. Lee sprach über die Zeit nach unserem Bruch, dass er versucht hatte seinen Schmerz in Alkohol zu ertränken, bis er eines Tages betrunken einen schweren Verkehrsunfall verursacht hatte, den er nur knapp überlebte. Ab und zu ging er mit deutschen Frauen aus, die er in den einschlägigen Soldatenkneipen kennenlernte. Bis ihm eines Tages eine dieser Beziehungen eröffnete, dass sie schwanger sei.

»Ich habe ihr gesagt, dass ich sie heirate, aber nicht weil ich sie liebe, sondern weil ich mich verpflichtet fühle ... mein Herz gehörte einer anderen.«

Ich blickte ihn ungläubig an. Langsam wurde mir die ganze Tragik mehr und mehr bewusst.

»Sag mir, Petra, hast du Jack geheiratet, weil du ihn geliebt hast, oder gab es einen anderen Grund?«

Ich musste lange überlegen, aber die Wahrheit konnte ich nicht mehr ignorieren. Mir war klar geworden, dass Jack nur der Lückenbüßer gewesen war – irgendwann musste ich das einmal mir selbst gegenüber zugeben.

»Weißt du, Lee, am Anfang habe ich mir eingeredet, dass ich Jack liebe, aber die Wahrheit ist, dass ich so verletzt war, weil du mit mir Schluss gemacht hast. Es war einfach die Trotzreaktion eines 18-jährigen Mädchens.«

»Wir hätten miteinander sprechen müssen, dann wäre es vielleicht anders gekommen« seufzte Lee. »Ich war so ein Feigling. Weißt du, wie oft ich nachts mit dem Auto an deinem Haus vorbeigefahren bin? Manchmal habe ich angehalten und mir vorgenommen an die Tür zu klopfen, um dir zu sagen, wie sehr ich dich liebe. Aber mir fehlte der Mut!«

Wir saßen etwa eine Stunde Seite an Seite und genossen die Nähe. Ich erzählte ihm von meinen Problemen mit Jack, seiner Alkoholsucht und was das für uns auch finanziell bedeutete. Lee schüttelte oft den Kopf, als wollte er es nicht glauben.

»Petra, jetzt fühle ich mich noch schlechter. Wenn ich mich nicht so dumm verhalten hätte, dann wäre alles anders gekommen!«

»Es ist nun mal so – was können wir tun, Lee?«

»Nichts! Welche Möglichkeiten bieten sich überhaupt an? Wir haben uns vor langer Zeit entschieden. Ich habe Familie, du hast einen Mann und ein Kind. Dürfen wir das zerstören?«

»Nein, Lee, ich sehe für uns auch keine Chance. Vielleicht sehen wir uns ab und zu, solange du in Deutschland stationiert bist.«

»Petra, das kann ich nicht, denn ich befürchte, dass es zu einem Desaster führen wird.«

»Du hast Recht, Lee – ich könnte nicht mit Lügen leben!«

Eine letzte Umarmung, dann nahmen wir schweren Herzens Abschied, mit dem beiderseitigen Versprechen, uns nicht wieder zu treffen. Lee brachte mich zurück nach Hause, ohne dass wir meine Eltern gesehen hätten.

Wieder in der Realität angekommen, besuchte ich regelmäßig die Treffen der Angehörigen von Alkoholikern. Schließlich bewegte mich ein Mitarbeiter der Guttempler, eine Entscheidung herbeizuführen.

»Petra!«, sagte er, »du musst deinen Mann fallen lassen. Du hebst ihn immer wieder auf und er hat keinen Grund mit dem Trinken aufzuhören. Wenn du ihn nicht ziehen lässt, wird er dich mitreißen. Er muss erst ganz unten ankommen, in der Gosse, dann hat er vielleicht eine Chance!«

Ich wollte es zwar nicht wahrhaben, aber in meinem Innersten wusste ich, dass er Recht hatte. Wenige Tage später kam ich todmüde nach Hause und fand Jack im Wohnzimmer auf dem Boden liegend. Wie sich später herausstellte, hatte er sich sechs Rippen gebrochenen. Er war im Suff auf den schweren eichenen Couchtisch geknallt. Der Arzt verordnete ihm Bettruhe, ansonsten konnte er nichts für ihn tun. Am nächsten Tag fuhr ich schnell während der Mittagspause heim, um nach ihm zu sehen. Ich bildete mir ein Alkohol zu riechen, aber konnte mir nicht vorstellen, dass er mit den gebrochenen Rippen überhaupt bewegungsfähig war. Als ich dann sein Kopfkissen aufschüttelte fand ich die Schnapsflasche unter dem Kissen. Am gleichen Abend eröffnete ich Jack, in Anwesenheit von Michael, dass ich die Scheidung einreichen würde. Michaels Gesichtsausdruck spiegelte seine große Erleichterung, was mich unerwartet überraschte.

Jack ging zum dritten Entzug und ich zog die Scheidung innerhalb eines Jahres durch.

NICK

Plötzlich war ich ein Single. Eine ganz neue Erfahrung. Ich war erleichtert, ohne Angst leben zu können. Gleichzeitig war ich allerdings nicht auf diese neue Lebensform vorbereitet. Nach 22 Ehejahren konnte ich meinen Rhythmus, Gewohnheiten, Einstellungen, Freizeitplanung nicht so schnell umstellen. Auch stellte ich fest, dass die Jahre der Angst vor neuen Katastrophen ihre Narben hinterlassen hatten. Ich buchte meinen ersten Single-Urlaub und flog nach Kreta.

In einem Straßencafe sitzend, ertappte ich mich dabei, dass ich ständig auf die Uhr sah, gewohnt nach Hause zu müssen in der Erwartung, dass vielleicht etwas passiert sein könnte. Langsam konnte ich wieder ruhig schlafen, mein Magen begann sich zu erholen, es war als verwandelte ich mich in einen neuen Menschen.

Sicherlich erlebte ich auch negative Erfahrungen. So änderte sich mein Freundeskreis, der aus Paaren bestanden hatte. Plötzlich passte ich nicht mehr in diese Runde, so dass ich mich hier neu orientieren musste.

Auch beruflich standen einige Änderungen an. Meine Firma war in einer Phase der Neustrukturierung. Man eröffnete mir, dass ich mit meiner Abteilung nach Frankreich versetzt würde, bot mir einiges mehr an Gehalt sowie eine Beförderung. Leider konnten sie mich mit ihrem neuen Konzept nicht überzeugen, so dass ich Abwanderungsgedanken hegte.

Eben zu dieser Zeit lernte ich den griechischen Industriellen Takis Tsakalos kennen, der ein Büro in Deutschland eröffnen wollte und hierfür eine Geschäftsführerin suchte. Herr Tsakalos besaß eine Reihe von Textilfabriken in Nordgriechenland und suchte eine erfahrene Person, die europaweit Kunden akquirieren sollte, um die Produktionskapazitäten in den Werken auszulasten. Er bot mir die Position, volle Handlungsfreiheit und ein Supergehalt an. Wenige Wochen später waren wir uns einig, ich unterschrieb den Vertrag, der mir zusicherte, dass die Firma nach fünf

Jahren voll in meinen Besitz übergehen würde. Dies war meine Bedingung gewesen. So wurde ich Unternehmerin.

Aller Anfang ist schwer – ich arbeitete oft 14 Stunden am Tag, flog ständig zwischen Griechenland und Deutschland hin und her, besuchte Fachmessen in anderen Ländern, fand neue Kunden und erschloss interessante Märkte in ganz Europa. Ich war in meinem Element. In kürzester Zeit war die Firma auf acht Angestellte angewachsen, was für mich noch mehr Druck bedeutete, denn an jedem Monatsersten mussten sowohl Gehälter als auch die laufenden Kosten gedeckt werden.

Nach drei Jahren konnte ich endlich einmal einen Urlaub planen. Ich war total ausgebrannt und wollte ein paar Wochen ausspannen. Meine griechische Kollegin Fotini, die in Herrn Tsakalos Büro in Kavala arbeitete und inzwischen auch Freundin geworden war, schlug vor, gemeinsam eine Kreuzfahrt zu machen. Egal wohin – einfach nur weg.

Kurz entschlossen ging ich ins Reisebüro und buchte eine Kreuzfahrt auf die Seychellen.

Wir waren aufgeregt wie zwei kleine Schulmädchen, als wir endlich im Flieger nach Mombasa saßen. Die erste Etappe brachte uns in ein luxuriöses Hotel an einem wunderschönen weißen Sandstrand. Am nächsten Tag wurden wir dann mit dem Hotelbus zum Schiff gebracht. Wir waren beeindruckt von diesem stattlichen, weiß glänzenden Ozeanriesen. Er versprach einen tollen Urlaub.

Nach Abwicklung der ganzen Formalitäten brachte uns ein Steward zur Kabine, die sehr geräumig, allerdings nicht für die Garderobe von zwei Frauen ausgelegt war. Irgendwie brachten wir es aber doch fertig, alles zu verstauen. Das Schiff hatte kaum abgelegt, da hing Fotini schon über dem Waschbecken – so sollte es für sie die ersten Tage bleiben, bis der Bordarzt ein Mittelchen gegen Seekrankheit hervorzauberte, welches den Urlaub für Fotini rettete.

Am dritten Tag fanden wir eine weiße Karte mit goldenen Buchstaben in unserer Kabine vor – es war die Einladung zum Captains Dinner am selben Abend. Fotini eilte sofort zum Friseur während ich mir den Kopf zerbrach, was ich anziehen sollte. Nach etwa zwei Stunden erschien meine Freundin wieder und hatte außer einer neuen Frisur auch neue Nachrichten. Sie hatte erfahren, dass alle Schiffsoffiziere Griechen waren. Das konnte ja heiter werden.

Um 20 Uhr fanden sich alle Gäste am Treffpunkt in der Bar ein. Kurz darauf erschien Kapitän Vangelis mit seinen Offizieren, die er namentlich vorstellte. Er ging auf Fotini zu, nahm ihre Hand, beugte sich zum Handkuss und sagte: »Ich bin ganz besonders erfreut, eine Griechin auf meinem Schiff begrüßen zu dürfen. Darf ich Sie an meinen Tisch bitten!« Fotini lächelte etwas schüchtern, da alle anderen Gäste sie neugierig anstarrten. Neben meiner Freundin stehend – ich kam mir vor, wie das Mitbringsel – wandte sich Kapitän Vangelis an mich: »Madam, darf ich Ihnen meinen Chefingenieur, Nick, vorstellen. Er wird sie heute Abend begleiten!«

Nick, etwa 1,80m groß, graumelierte Haare, sonnengebräunt – ich schätzte ihn auf etwa 50 – war allerdings der stille Typ, in seiner Art fast arrogant und wenig kommunikativ. Es herrschte eine tolle Stimmung am Tisch, Fotini strahlte neben ihrem Kapitän und die anderen Gäste aus Deutschland, Italien, England und der Schweiz, brachten ein quirliges Sprachengemisch zustande. Wir verbrachten einen wunderbaren, lustigen Abend.

Am nächsten Morgen läutete das Telefon in der Kabine. Es war Nick, der uns informierte, dass wir in Madagaskar anlegten und wenn wir Lust hätten, würde er uns an Land begleiten, um uns einige Sehenswürdigkeiten zeigen. Wir nahmen das Angebot gerne an.

Abends gesellte er sich zu uns an die Bar. Langsam war er gesprächiger geworden. Meistens diskutierten er und Fotini auf Griechisch und ab und zu bekam ich auch eine Übersetzung. Schnell waren wir eine deutsch-griechische Runde, denn die anderen Offiziere sowie einige der Animateure hatten sich zu uns gesellt. Wir verbrachten eine tolle Zeit, genossen die Landgänge, lachten, tanzten, tranken, diskutierten und flirteten.

Am vorletzten Abend, vor dem Gala-Dinner, während Nick und ich auf der dicht gedrängten Tanzfläche versuchten einen Rock 'n' Roll hinzulegen, sagte er wie so nebenbei: »Hier ist es ziemlich laut. Was meinst du

Petra, wir könnten uns in meiner Kabine unterhalten, ich habe auch einen guten Whiskey anzubieten!«

Ich grinste: »Nein, danke mein Lieber, und deine Briefmarkensammlung will ich auch nicht sehen!«

Wir haben beide herzlich gelacht.

Kurz vor unserer Abreise erzählte mir Nick, dass er in der nächsten Zeit ein neues Auto in Deutschland kaufen wollte. Er bat mich, nach meiner Rückkehr die Angebote für ein bestimmtes Modell zu durchforsten. Ich versprach, mich darum zu kümmern und würde ihn per Fax informieren.

Schweren Herzens gingen wir nach einer Woche von Bord, zurück ins Hotel nach Mombasa, wo wir noch einige Tage verbrachten und den tollen Urlaub mit einer sehr schönen Safari in den Tsavo Nationalpark ausklingen ließen. Meine Gedanken gingen allerdings immer wieder zurück zu Nick. Es irritierte mich richtig, dass dieser Mann ständig in meinem Kopf herumspukte. Wie konnte sein? Ja, er war nett, aber was faszinierte mich sonst noch an ihm? Gut aussehend war er, Humor hatte er auch! Die Schmetterlinge in meinem Bauch hörten nicht auf, obwohl ich versuchte mir einzureden, dass ich mit 45 Jahren schon zu alt sei, mich zu verlieben. Es war ein ganz neues und fremdes Gefühl, welches ich seit Lee nie mehr gespürt hatte. Jetzt war es wieder da – ich hatte mich in diesen Seemann verliebt.

Zurück in Deutschland stürzte ich mich wieder in meine Arbeit – nur ab und zu schweiften meine Gedanken ab nach Afrika. Bis zum 31. August 1992 als Nick anrief. Ich hatte ihm inzwischen ein Fax geschickt, mit der Information, dass verschiedene Händler das Auto anboten.

»Hallo Petra, Ich bin in Rom, auf dem Weg nach Athen. Habe zwei Monate Urlaub. Hast du vielleicht beruflich etwas in Griechenland zu tun, dann könnten wir uns treffen!«

Ich war vollkommen überrascht von dem Anruf und deshalb war meine Antwort sehr spontan. »Nick! Schön von dir zu hören, lass mich kurz überlegen – nein im Moment ist es ungünstig, weil ich im Büro gebraucht werde.«

»Schade!« – Nick klang enttäuscht.

»Aber falls du noch Interesse an dem Auto hast, dann könntest du ja nach Deutschland kommen!«

»Ja, habe ich. Ok, ich komme. Ich rufe dich wieder an!«

Den Hörer auflegend, merkte ich, wie mein Herz klopfte. Ob er wirklich kommen würde?

Schon am nächsten Tag bekam ich einen weiteren Anruf – Nick war unterwegs nach München.

»Toll! Ich hole dich am Flughafen ab«, sagte ich

Nun hatte ich mich so weit aus dem Fenster gelehnt und plötzlich überfiel mich das Gefühl, dass ich nicht mehr Herr meiner Entscheidungen war. Die Fahrt nach München gab mir ein wenig Zeit, meine Gedanken zu ordnen. Etwas ratlos kam ich zu dem Entschluss, die Dinge einfach auf mich zukommen zu lassen. Eines war mir klar – das Auto war sicherlich nicht der Grund für Nicks spontanen Entschluss nach Deutschland zu kommen.

Außer dass wir sämtliche Autohändler abklapperten, verbrachten wir eine tolle Zeit zusammen. Wir stellten fest, dass wir sehr viele Gemeinsamkeiten hatten und waren uns vollkommen einig, dass eine Fernbeziehung genau das Richtige für uns sei. Nick flog zurück nach Athen, wo wir uns nach zwei Wochen wieder trafen, um einige Tage in seiner Heimatstadt Chios, auf der gleichnamigen Insel, zu verbringen.

Weihnachten 1992 lud er mich auf das Schiff ein – wir kreuzten durch die Malediven.

Während Nick tagsüber seiner Arbeit nachging, genoss ich diesen Urlaub in vollen Zügen. Und nicht nur das – ich genoss auch Nick. Nach drei Wochen musste ich schweren Herzens wieder ins Flugzeug steigen. Uns wurde plötzlich bewusst, dass diese lose Beziehung plötzlich in anderen Bahnen zu laufen schien als wir geplant hatten, was uns beide schockierte. Weder er noch ich waren zu etwas Festeren, Tieferen bereit.

Im Mai 1993, während Nicks nächstem Landurlaub, verbrachten wir zwei Monate zusammen, teils in Deutschland, mehrere Tage in Griechenland und eine kurze Woche in Ungarn, wo ich geschäftlich zu tun hatte. Ob die gute ungarische Küche, die romantische Atmosphäre der Puszta oder die vielen Störche verantwortlich waren, wird wohl immer ein Rätsel bleiben. Tatsache ist jedenfalls, dass ich einen Monat später feststellte, dass ich schwanger war.

Den Moment der Erkenntnis werde ich bestimmt nie vergessen. Meine Tage waren ausgeblieben, was mich anfangs nicht beunruhigte. Mein Körper gab mir allerdings warnende Signale, die mich dann doch misstrauisch machten. Um mir Sicherheit zu verschaffen, dass ich mir das alles nur einbildete, holte ich in der Apotheke einen Schwangerschaftstest. Gespannt starrte ich auf den Teststreifen, der nach wenigen Minuten ›positiv‹ anzeigte. Ich war 45, Nick war 51, das konnte doch nicht wahr sein! Flugs eilte ich in eine andere Apotheke und holte mir einen neuen Teststreifen. Das Resultat war dasselbe. Ich setzte mich hinter meinen Schreibtisch und starrte einige Zeit vor mich hin. Es waren sehr gemischte Gefühle – Schock, Angst, Zweifel – aber zu guter Letzt ganz viel Freude.

Während die Gedanken in meinem Kopf rasten, öffnet sich die Tür und Michael stand plötzlich in meinem Büro. Nach dem üblichen Hallo, blickte er mich misstrauisch an.

»Irgendwas ist los, was hast du wieder angestellt?« Er setzte sich mir gegenüber.

Ich sah ihn zuerst wortlos an, holte tief Luft und antwortete: »Ich muss dir etwas sagen, aber versprich mir, dass du nicht lachst.«

»Schieß los, Ma.«

»Ich bin schwanger!«

Michael starrte mich erstaunt an. An seinem Gesichtsausdruck konnte ich nicht erkennen, was er in diesem Moment empfand.

»Mama, ich freue mich für dich« sagte er, nachdem er sich gesammelt hatte »und ich finde es toll, aber eines musst du bedenken ... dir ist schon klar, dass du dieses Kind vielleicht nicht so lange begleiten kannst, wie mich!«

Was für eine Antwort von meinem Sohn, den bisher außer Motorrädern und Frauen nichts anderes zu interessieren schien. Ich musste sehr lange überlegen, wie ich ihm antworten sollte. Die Situation war ja auch sehr neu für mich, hatte ich doch erst wenige Minuten vorher festgestellt, dass ich nach 27 Jahren wieder Mutterfreuden entgegen sah. Michaels Argument war logisch. Es gab mir zu denken.

»Er wird ja auch dich als Bruder haben!« Mir fiel als Antwort nichts Besseres ein.

Er nickte, ich hatte ihn überzeugt, was mir sehr wichtig war.

Ohne zu zögern griff ich zum Telefon. Ich wusste, dass Nick über das Sattelitentelefon Inmarsat zu erreichen war. Das Schiff lag vor Anker in Madras, Indien. Die Verbindung klappte sofort. Bereits nach den ersten Worten hatte er gemerkt, dass ich einen besonderen Grund für meinen Anruf gab.

»Ist etwas passiert?«

»Wie man's nimmt ...«, lachte ich, »die ungarischen Störche haben gewonnen, ich bin schwanger!«

Ich hörte, wie Nick Luft holte.

»Bist du sicher, Petra?«

»Ja, ganz sicher!«

»Gut« sagte er in seiner sachlichen, ruhigen Art, »ich komme so schnell ich kann!«

»Moment, ich bin nicht krank, sondern nur schwanger. Bleib wo du bist, es reicht wenn du nach Abschluss der Tour kommst.«

Genauso gut hätte ich an eine Wand reden können – zwei Wochen nach diesem Telefonat war Nick bei ›uns‹ in Deutschland und blieb.

Diese Schwangerschaft genoss ich in vollen Zügen – weder hatte ich die bekannten Symptome einer Schwangeren, noch beeinträchtigte mich mein Zustand bei meiner Arbeit. Bis Dezember diesen Jahres besuchte ich meine Kunden und flog mehrmals nach Griechenland, um die Produktion in den Textilfabriken zu kontrollieren.

Am 31. Januar 1994 war es dann so weit. Kompromisslos kündigte sich unser Sohn an, gerade dass ich noch genug Zeit hatte in die Klinik zu kommen. Wir nannten ihn Maximilian. Als Michael in die Klinik kam und seinen neuen Bruder zum ersten Mal sah, sagte er: »Was ist schon eine *Harley Davidson*, im Vergleich zu diesem kleinen Wunder!« Ich musste lachen, denn es war schon etwas Besonderes, wenn Michael seine Liebe zu *Harley*-Motorrädern an zweite Stelle setzte.

Im Juli 1995, wir verbrachten gerade einige Wochen in Thessaloniki, rief Michael an, um mir mitzuteilen, dass Jack einen Unfall gehabt hatte und sich auf der Intensivstation in der Erlanger Uniklinik befand. Michael wusste keine Einzelheiten, meinte aber es wäre sehr ernst. Ich beratschlagte mit Nick, der mir riet nach Deutschland zu fliegen. Jacks Verwandte lebten alle in den USA, so waren Michael und ich seine einzige Familie.

In Erlangen wurde ich mit der Wahrheit konfrontiert – Jack hatte sich im Alkoholdelirium mit einer Signalpistole in den Mund geschossen. Er sah furchtbar aus. Michael war mit der Situation total überfordert, so entschied ich mich einige Tage zu bleiben. Es wurden drei Wochen daraus, in welchen ich Jack beim Sterben zusah.

Jeden Tag begab ich mich in die Klinik, sprach zu ihm und hielt seine Hand. Ich merkte, dass er mich verstand. In dieser Zeit hatte ich vollkommen vergessen, dass wir geschieden waren. Alleine wollte ich ihn nicht sterben lassen. Der Oberarzt nahm mich bei einem meiner Besuche zur Seite und meinte ich sollte meinem ›Mann‹ gut zureden, er hätte das Gefühl, dass Jack sich aufgegeben habe. Ich konnte ihm nur antworten, dass Jack seine Wahl mit dem Schuss getroffen hatte, deshalb sollte er in Ruhe gehen können. Hier lag ein Mann, 1,70 m Körpergröße, durch Alkoholexzesse auf ein Gewicht von 53 Kilo abgemagert. Verstand dieser Arzt gar nichts? Jack entschied sich wenige Tage später – er schlief friedlich ein. Ich war froh für ihn – er hatte seinen Frieden gefunden.

Die Zeit verging im Flug – Maximilian gedeihte prächtig und gab uns jeden Tag neuen Erzählstoff. Nick hatte Vater- und Mutterrolle übernommen. Ich konnte mich um meine Firma kümmern. Im Januar 1997 feierten wir in unserem Haus in Deutschland Maximilians dritten Geburtstag. Natürlich machten wir die üblichen Erinnerungsfotos – die ganze Familie am Geburtstagstisch. Michael hatte seine Freundin Sandra mitgebracht – und Maximilian hielt das tolle Auto, welches ihm die beiden geschenkt hatten, fest umklammert. Wenige Tage später nahmen wir die Autofähre von Venedig in Richtung Griechenland, wo wir die nächsten Jahre verbringen würden.

Am 14. April abends läutete das Telefon. Am Apparat war Sandra. Bevor ich noch die üblichen Fragen nach dem Wie und Was loswerden konnte, sagte sie zu mir: »Petra, bitte setz dich hin, ich muss dir was sagen!«

Ich wusste sofort, dass etwas Furchtbares passiert war, blieb allerdings wie versteinert mitten im Zimmer stehen.

»Michael ist heute verunglückt! Er ist tot!«

Es dauerte einige Sekunden, bis ich überhaupt registrierte, was Sandra mir soeben gesagte hatte. Der Rest des Telefonats lief an mir vorbei wie ein Film.

Am nächsten Tag saß ich im Flugzeug nach Nürnberg, um meinen ältesten Sohn zu Grabe zu tragen. Ich glaube, an diesem Tag habe ich mich von Gott verabschiedet. Es war doch nicht fair – so ein junger Mensch, der noch das ganze Leben vor sich hatte.

Kirchenglocken und Orgelmusik lösen seitdem bei mir Gänsehaut aus. Sie erinnern mich immer schmerzhaft an den Tag, an dem Gott auf die schrecklichste Weise in mein Leben eingegriffen hatte. Das würde ich ihm nie verzeihen.

Ich kann mich nicht einmal erinnern, ob ich überhaupt die Möglichkeit hatte zu trauern. Hier war Maximilian, der mich brauchte – da lag für mich die Zukunft, das Leben, die Verantwortung.

Auf Michaels Grabstein habe ich Häuptling Seattle, Amerika 1855, zitiert:

Wir sind ein Teil der Erde
Unsere Toten leben fort in den süßen Flüssen der Erde,
kehren wieder mit des Frühlings leisem Schritt,
und es ist ihre Seele im Wind,
der die Oberfläche der Teiche kräuselt.

In unserer Wahlheimat Thessaloniki verbrachte ich unzählige Sonntage mit meinem kleinen Sohn im Stadtpark, an der Promenade. Während er mit seinem Kinderrad auf den schmalen Wegen seine Runden drehte oder sich auf dem Spielplatz vergnügte, saß ich auf einer Parkbank und starrte hinaus auf das Meer. Ich beobachtete die Wellen, auf deren Oberfläche sich weiße Häubchen bildeten und Richtung Strand rollten – dabei fühlte ich mich meinem ältesten Sohn sehr nahe.

Im Laufe der nächsten Jahre litt ich oft an depressiven Stimmungen. Nicht nur wegen dieses Schicksalsschlags, sondern ich haderte immer öfter mit meiner Identität. Es fing schon damit an, dass ich bei einem Arztbesuch nach Krankheiten in der Familie gefragt wurde und konnte nur über meine Mutter oder Großeltern sprechen – Vater war ja unbekannt. Nick kannte meine Geschichte und hatte viel Verständnis, aber irgendwann wurde es ihm zu bunt – meine Depression schlug manchmal in Aggression um. Er kam einfach nicht zu mir durch – gleichzeitig hasste ich mich für meine Schwäche, dass ich mich einfach nicht in den Griff bekam.

Auf der einen Seite hätte ich gerne mit jemandem über meine Gefühle gesprochen, aber es gab einfach niemanden, der meine Sprache verstand. Meine Nachbarn waren alle Griechen und Deutsche kannte ich keine. Nick erzählte mir eines Tages, dass es in Thessaloniki eine evangelische Kirche, eine deutsche Gemeinde gäbe. Vielleicht sollte ich einmal mit ihnen Kontakt aufnehmen. Als ich ›Kirche‹ hörte wollte ich überhaupt nichts davon hören.

Aber es kam der Moment, als mein Mann wohl zu dem letzten Strohhalm griff, um mich aus meiner Lethargie zu schütteln. Er setzte mich eines Tages einfach vor der Tür der evangelischen Gemeinde ab »Geh rein, ich hole dich in einer Stunde wieder ab!« Getragen von Ablehnung ging ich die Treppe hoch in den ersten Stock und läutete an der Glocke. Dies würde nur ein paar Minuten dauern, nahm ich mir vor. Was sollte ich dort schon finden.

Eine junge Frau öffnete die Tür und sagte in perfektem Deutsch: »Willkommen in der evangelischen Gemeinde. Mein Name ist Jutta – komm rein, wie kann ich dir helfen?« Etwas verlegen murmelte ich: »Hallo. Ja ... jemand hat mir von dieser Gemeinde erzählt, so führt mich einfach die Neugierde hierher!« Im Handumdrehen ergab sich ein Gespräch – das übliche woher kommst du, was machst du … Fragen die ich gerne beantwortete. Eine bescheidene Bibliothek mit deutschen Büchern, Magazinen und ein Gemeindebrief, der zahlreiche Informationen über die monatlichen Aktivitäten enthielt, fanden mein Interesse. Außer den sonntäglichen Gottesdiensten wurde ein reichhaltiges Freizeitprogramm sowohl für Kinder – Maximilian würde das gefallen – als auch für Erwachsene angeboten. Eine sehr aktive Frauengruppen, der ich mich anschließen konnte, fand sofort mein Interesse. Bis ich mich versah, war längst eine Stunde vergangen. Aufgeregt erzählte ich Nick, was ich herausgefunden hatte. Er freute sich für mich – und wahrscheinlich auch für sich.

In den nächsten Jahren war die evangelische Gemeinde meine Anlaufstelle – es war Therapie für mich, wenn ich auch nicht über meine Probleme sprechen wollte. Das Wichtigste war, dass ich unter Menschen sein konnte, die meine Sprache verstanden und meine Mentalität teilten. Auch Maximilian freute sich auf die Spiele und das Miteinander in der wöchentlichen Kindergruppe. Er lernte deutsche Kinderlieder und hörte den Geschichten der Betreuerinnen aufmerksam zu.

Trotzdem häuften sich meine Wer-bin-ich-Phasen. Ich sprach mit meinem Mann über meine Hilflosigkeit diesen Gefühlen gegenüber.

»Petra«, sagte Nick, »du hast einen Computer, du hast Internet. Warum suchst du nicht nach deinem Vater – mach dir dieses Medium zum Komplizen. Ich bin sicher, du wirst ihn finden!«

Ich sah ihn nur sprachlos an. Wie hatte er sich das gedacht? Sollte ich vielleicht eine Suchanzeige aufgeben: ›Wer kennt Peter Fontano?‹ So ein Quatsch!

Trotzdem ließ mich Nicks Vorschlag nicht in Ruhe. Irgendetwas musste geschehen, so ging es nicht weiter. Vielleicht sollte ich doch …

Im März 2002 begann ich erneut mit der Suche nach meinem Vater. Zuerst las ich alles Mögliche im Internet über die Besatzungszeit ab 1945. Ich suchte die Nadel im Heuhaufen. Eine bestimmte Webseite war mir aufgefallen. Sie beschäftigte sich mit den ›Illegitimen Kindern amerikanischer Soldaten nach dem Zweiten Weltkrieg in Österreich‹. Fasziniert stellte ich fest, dass es Tausende solcher ›Kinder‹ wie mich gab. Diese Erkenntnis gab mir das Gefühl, nicht allein dazustehen. Schade dass ich das nicht schon früher erkannt hatte. Ich erfuhr, dass es Menschen in verschiedenen Organisationen gab, die sich dieser Schicksale annahmen und versuchten, die Väter der ›Zurückgelassenen‹ zu finden. Erstaunt las ich in den Webseiten Briefe von Betroffenen, die ihre Angehörigen gefunden hatten. Sie sprachen ganz offen über ihre Schicksale, über die wundervolle Erfahrung, endlich eine Identität zu besitzen, indem sie entweder ihre Väter oder Geschwister lokalisieren konnten. Ich war von Zweifeln befallen, als ich mir vorstellte, dass mein Vater, wenn er überhaupt noch lebte, 76 Jahre alt sein musste. Die Neugierde war allerdings geweckt.

Ich verfolgte verschiedene relevante Links, bis ich auf einer Webseite namens ›familyconnect‹ auf eine Kontaktadresse stieß, die interessant schien. Ich überlegte, ob ich einfach einmal dort anfragen sollte, um mich zu informieren und überhaupt zu sehen, ob meine Suche nach einer solch langen Zeit eine Chance zum Erfolg hätte. Was hatte ich denn zu verlieren? Im Juni 2002 schrieb ich eine Mail an diese Adresse und wartete.

Nach wenigen Tagen fand sich in meiner Eingangspost eine Antwort. Susan S. aus Chicago antwortete mir, indem sie kurz über ihre Arbeit in der Familienzusammenführung referierte und Interesse für meinen Fall bekundete. Ich sollte ihr alle Informationen schicken – sie würde dann zuerst prüfen, ob genug Material verfügbar sei, um eine Suche zu starten.

Es entwickelte sich daraufhin eine rege Korrespondenz. Auf meine Frage, ob sie eventuell Referenzen über eine erfolgreiche Suche in anderen Fällen vorweisen konnte, antwortete sie, dass sie erst kürzlich einen Fall in Frankfurt abgewickelt hatte. Mit meinem Einverständnis würde sie dieser Person meine Mailadresse übermitteln – sie könnte dann, so sie es wünschte, mit mir direkt Verbindung aufnehmen. Tatsächlich bekam ich wenige Tage später eine Mail von Jürgen K., der mir Susans Angaben bestätigte. Er, ebenfalls Jahrgang 1947, hatte durch sie Kontakt mit seiner Familie in den USA aufnehmen können. Leider war sein Vater kurz zuvor verstorben, aber die Geschwister hatten ihn in ihrer herzlichen, amerikanischen Art aufgenommen. Er wünschte mir viel Glück bei meiner Suche.

Sein Schreiben gab mir die richtige Motivation und ich ging mit neuer Energie auf Suche. So sammelte ich alles zusammen, was ich an Briefen und Bildern besaß und schickte Kopien an Susan.

Sie hatte zusätzlich ganz viele Fragen, die ich nur teilweise beantworten konnte. Die Antworten lagen bei meiner Mutter. Mir wurde klar, dass ich sie irgendwie mit einbeziehen musste, wollte ihr aber nicht den Grund nennen. Mühsam, durch viele Hintertüren, kam ich an wichtige Informationen. Sie sprach gerne über ihre Zeit damals mit Peter, nannte Namen seiner Freunde, erinnerte sich an Geschichten, die er über seine Familie erzählt hatte. So rundete sich für mich das Bild. Dankbar war ich ihr dafür, dass sie diesen Mann, der mein Vater sein sollte, immer in einem positiven Licht darstellte. Sie beschrieb ihn als einen Menschen mit viel Humor und toller Ausstrahlung und vergaß nie zu betonen, dass er ihre große Liebe gewesen war.

Susan nahm alles an Informationen auf und so wurde dieses Mosaik aus kleinen Fragmenten immer kompakter, bis das Bild komplett war. Es vergingen Monate, in denen ich manchmal schier verzweifelte. Einmal hatte Susan einen Peter Fontano gefunden, der als Missionar nach Afrika gegangen und dort verstorben war. Auch verlief ein weiterer vielversprechender Hinweis im Sande.

In Philadelphia, zwei Hausnummern weiter von der Adresse, die Peter damals angegeben hatte, lokalisierte Susan über die Telefonauskunft eine Familie namens Campino. Sie rief kurzerhand dort an und stellte sich als Historikerin vor, die sich für Kriegsveteranen, welche in Deutschland gekämpft hatten, interessierte. Frau Campino hörte sich Susans Erklärungen an und sagte dann kurz und bündig, sie verstünde überhaupt nichts und einen Peter Fontano kenne sie gleich gar nicht. Susan erwähnte später, sie hätte das Gefühl gehabt, dass diese Frau sehr gut verstanden hatte worum es ging, aber aus irgendeinem Grund sehr abweisend gewesen sei.

Es wurde Juni 2003 – immer noch kein Erfolgserlebnis. Ich war frustriert und wollte auch nicht von Nick gefragt werden. Jedes Mal wenn das Thema aufkam, schloss ich förmlich meine Ohren. Ich wollte es einfach nicht wahrhaben, dass auch dieser Versuch wieder scheitern könnte. Es sollte mein letzter sein, das schwor ich mir.

Am 31. Juli 2003 kamen wir aus dem Urlaub zurück. Ich fuhr den PC hoch, gespannt, was alles an Mails angekommen war. Es gab eine Mail von Susan. Ich klickte sie als erste an – wahrscheinlich würde sie mir sagen, dass die Suche erfolglos verlaufen sei.

Die Mail öffnete sich *»Petra, ich glaube, ich habe deinen Vater gefunden!«* Dann erklärte sie mir im Detail, wie sie an seine persönlichen Daten herangekommen war. Er wohnte in einem Vorort von Philadelphia und war verwitwet.

Ich saß wie paralysiert vor dem Bildschirm, las die Mail ein zweites und ein drittes Mal. Gänsehaut überzog meinen Körper, gleichzeitig stieg Hitze in mir auf. Am Ende der Mail fragte mich Susan: *»Möchtest du ihn kontaktieren, oder soll ich den ersten Schritt machen – ich habe hier natürlich einschlägige Erfahrung!«* Eigentlich wusste ich in diesem Moment überhaupt nicht was ich wollte. Die alte Angst kam wieder in mir hoch – was wäre wenn? Konnte ich eine Ablehnung verkraften, oder wäre es mir lieber es dabei zu belassen, zu wissen, dass er lebt und dass es ihm gut geht.

Ich musste unbedingt mit Nick sprechen. Mit der ausdruckten Mail ging ich ins Wohnzimmer, wo er vor dem Fernseher saß. Die Atmosphäre muss so geladen gewesen sein, dass Nick sofort das Gerät ausschaltete, als er mich mit dem Papier in der Hand sah.

»Es ist was passiert, oder? Lass mich raten, Susan hat deinen Vater gefunden, nicht wahr? Und jetzt weißt du nicht, was du machen sollst.«

Wortlos nickte ich, Tränen in den Augen.

Wir diskutierten einige Zeit über das Für und Wider. Letztendlich gewann meine alte Kämpfernatur. Ich hatte eine schwere Jugendzeit gemeistert, dem Präsidenten der Vereinigten Staaten die Stirn geboten, ein Kind verloren und war mit 46 nochmals Mutter geworden – nein, ich würde nicht wieder umkehren.

Ich schrieb Susan und bat sie, mit meinem Vater Verbindung aufzunehmen.

In der darauf folgenden Zeit hatte ich schlaflose Nächte. Tagsüber stand ich voll neben mir, manchmal machte ich Sachen doppelt oder vergaß wichtige Termine. Es war wie ein Rausch. Auch versuchte ich mir vorzustellen, wie mein Vater jetzt wohl aussehen möge. Das Bild das ich besaß war 57 Jahre alt. Ob ich wohl Halbgeschwister hatte? Hoffentlich war er einigermaßen gesund. Vielleicht würde es ihn sehr aufregen, plötzlich mit einer solchen Neuigkeit konfrontiert zu werden.

14. August 2003

Liebe Petra, ich habe keine Antwort auf meinen Brief an Peter bekommen. Deshalb habe ich seine Nachbarin angerufen, die mir bestätigte, dass er oft unterwegs ist. Vielleicht besucht er seine Kinder. Ich bleibe dran!

Susan

So begann das Warten wieder.

11. September 2003

Liebe Petra, ich habe noch andere Nachbarn angerufen. Einer erzählte mir, dass Peter angeblich den Sommer in New Jersey verbringt. Ich habe den Nachbarn gebeten, meine Nachricht weiterzugeben – er möchte Peter sagen, dass ich nur ein paar Fragen zu seiner Zeit im Zweiten Weltkrieg hätte. Der Nachbar hat mir versprochen dies zu tun!

Susan

12. September 2003

Hallo Petra, ich habe mehrmals bei Peter angerufen – leider erfolglos. Er scheint nicht zu Hause zu sein. Aber ich habe eine Idee. Gestern kontaktierte ich einen Privatdetektiv in Philadelphia. Er heißt Fuccini. Ich erklärte ihm kurz deinen Fall und fragte, ob er uns helfen könnte. Wenn du einverstanden bist, wird er sich darum kümmern. Die Kosten sind sehr moderat – er berechnet 40 $ die Stunde. Was meinst du, willst du es wagen?

Susan

13. September 2003 – Ich sagte zu.

16. September 2003

Liebe Petra,

der Privatdetektiv rief mich heute Morgen an. Er hat mit Peter telefonisch Kontakt aufgenommen. Ja, nun ist es wohl soweit – du bist ganz nah an deinem Ziel. Fuccini hat ihm in kurzen Worten nur angedeutet, dass ich sehr interessante Nachrichten hätte, die ich ihm erstmal gerne telefonisch mitteilen möchte. Peter war einverstanden, dass ich ihn anrufe.

Ich habe keine Minute Zeit verloren. Er nahm das Telefon sofort ab und entschuldigte sich, dass er meinen Brief nicht beantwortet hatte. Er war der Meinung gewesen, es handele sich um einen Betrug. Ich begann damit, ihn über seine Zeit als Soldat in Deutschland zu befragen, worüber er anscheinend gerne sprach. Schließlich fragte ich, ob er sich an Helen erinnern könne. Ja, er konnte sich sehr gut an das schöne Fräulein erinnern. Im gleichen Atemzug verriet er, dass er eine wunderbare Beziehung mit ihr gehabt hatte. Daraufhin, Petra, holte ich meine Trumpfkarte aus dem Ärmel fragte ihn, ob er wüsste, dass aus dieser Beziehung ein Kind hervorgegangen ist, eine Tochter, die ihn seit über 50 Jahren sucht.

Erstaunt, vielleicht auch etwas schockiert entgegnete er, dass er keine Ahnung davon gehabt hätte.

Petra, er erzählte ganz lange und viel über sich – es war ein absolut positives und sogar lustiges Gespräch. Natürlich wollte er mehr über dich wissen, aber ich sagte ihm dann, dass du einen Brief schreiben würdest, der bestimmt viele Fragen beantworte. Es sei dann ihm überlassen, wie er damit weiter verfahren möchte. Peter meinte, er müsse diese umwerfende Neuigkeit natürlich mit seinen beiden Kindern besprechen, aber nichtsdestotrotz freue er sich riesig, dass er plötzlich Vater einer Tochter sei.

Ich freue mich so sehr über diesen Erfolg, für dich und für mich. Ich wünsche dir alles erdenklich Gute. Bleibe in Kontakt – ich möchte gerne wissen, wie es mit dir und Peter weitergeht.

Alles Gute, Petra!

Susan

Ich stand also kurz vor meinem Ziel! War es Traum oder Wirklichkeit? Susan hatte tatsächlich mit meinem Vater telefoniert, sie hatte seine

Stimme gehört, mit ihm gesprochen. Ja, langsam begann ich zu realisieren, was das für mich bedeutete, auch wenn ich es in diesem Moment in seiner Tiefe noch nicht begreifen konnte.

Noch am gleichen Abend begann ich einen Brief an meinen Vater zu schreiben.

Lieber Peter! ...

Die Worte flossen schier über die Tastatur des PCs – ich musste nicht eine Sekunde nachdenken. Alles, was sich in 56 Jahren aufgestaut hatte, sprudelte aus mir heraus. Ich beschrieb ihm meine Kindheit, meine Hoffnungen und Träume, meine Zweifel und Ängste. Dann erzählte ich über die Jahre mit Jack und Michael und über meine berufliche Karriere, die sporadische, über die Jahre hinweg verteilte Suche nach ihm und schließlich, im Heute angekommen, über Maximilian und Nick. Als ich zum Ende des Briefes kam, hatte ich fünf DIN A4 Seiten gefüllt.

... Wie soll ich nun diesen Brief zu Ende bringen? Es gibt viele offene Fragen und sehr starke Emotionen, die mich bewegen, seit Susan dich gefunden hat. Ich denke ich sage einfach nur ›Auf Wiedersehn‹ und hoffe, dass wir eine Chance auf eine Zukunft zusammen haben. Es ist zwar sehr viel Zeit vergangen, aber man sagt auch ›Es ist nie zu spät‹. Wenn du möchtest, ruf mich an nachdem du all dies verkraftet hast. Lass es dir gutgehen und bleib gesund,

Petra.

Der Umschlag enthielt einige neuere Fotos, eine Kopie meiner Geburtsurkunde und die einzigen Bilder, die ich von ihm und Helen besaß. Am nächsten Morgen, den 17. September 2003, brachte ich den Brief zur Post.

Davon ausgehend, dass Peter den Umschlag in etwa einer Woche in Händen halten würde, begann ich die Tage zu zählen. Sieben Tage waren vergangen.

Er musste doch den Brief inzwischen bekommen haben. Ob er wohl anrufen wird? Oder ... vielleicht war ihm das Ganze zu viel ... vielleicht glaubte er gar nicht, dass ich seine Tochter bin? Oder ... die Familie hatte etwas gegen mich ... hier kommt plötzlich eine Frau aus heiterem Himmel und behauptet Peter Fontano sei ihr Vater. Tausend Gedanken gingen mir durch den Kopf.

Am 10. Tag war ich mit den Nerven ziemlich am Ende. Ich war mir fast sicher, dass das Ganze schief gegangen war. Was hatte ich eigentlich erwartet – ein Wunder?

Sonntag, 28. September 2003

Ich saß im Wohnzimmer auf der Couch und las ein Buch, welches mir eine Freundin wenige Tage vorher geschenkt hatte. Der Titel ›Neger, Neger, Schornsteinfeger.‹ Die Geschichte eines schwarzen Jungen, der in der Zeit des Nationalsozialismus in Deutschland aufwuchs. Die Geschichte barg viele Parallelen zu mir. Es war genau die Art Literatur, die ich jetzt brauchte.

Das Läuten des Telefons unterbrach meine Gedanken. Ich nahm das mobile Gerät auf und blickte auf das Display. Im Bruchteil einer Sekunde hatte ich erkannt, dass das Gespräch aus den USA kam. Die Vorwahl 001 war mir sehr vertraut. Während ich die angezeigte Telefonnummer studierte, läutete es hartnäckig weiter.

Ich muss den Knopf drücken ... drück doch! Drück endlich! – Jetzt war es so weit ... der Moment der Wahrheit.

»Hallo ... hier spricht Petra«, sagte ich mit fester Stimme. Jetzt war alles egal – ich musste hier durch.

»Hallo, hier spricht Peter ... dein Vater.«

»Ich glaube es nicht!« ... alle Nervosität fiel von mir »du hast 56 Jahre gebraucht, um mich anzurufen!«

Er lachte laut und herzlich.

Es begann ein Dialog zwischen uns, der jede Fremdheit vermissen ließ. Wir sprachen miteinander als hätten wir uns unser ganzes Leben gekannt – wie alte Freunde. Ich konnte nicht genug von seiner sonoren, wohlklingenden Stimme hören. Am liebsten wäre ich in das Telefon gekrochen. Sprach ich wirklich mit meinem Vater ... konnte das wahr sein?

Er versuchte mir im Schnellgang sein bisheriges Leben zu beschreiben. Ich kam kaum zu Wort, aber ich genoss jede Silbe und hoffte, er würde nie aufhören zu erzählen. Es war bestimmt fast eine Stunde vergangen, er musste wohl einmal Luft holen, da nutzte ich die Gelegenheit zu fragen:

»Habe ich auch Halbgeschwister?«

»Ja, du hast zwei Brüder, John und Peter.«

Mein Herz machte einen weiteren Sprung – es war einfach zu aufregend.

Er fuhr fort ein wenig über seine große, italienische Familie, die es im Hintergrund gab, zu erzählen. Alle wohnten im Großraum Philadelphia. Seine Schwester, Frances Campino, wohnte noch in der alten Nachbarschaft, ein paar Häuser weiter von seinem Elternhaus in South Philly. Plötzlich fiel mir ein, dass Susan gleich am Anfang ihrer Suche über einen Anruf bei Familie Campino berichtet hatte. Susan war schon damals der Meinung gewesen, dass Mrs Campino mehr wusste, als sie zugeben wollte. Jetzt bekam ich die Bestätigung, dass ihr Verdacht richtig gewesen war. Frances war Peters Schwester!

Plötzlich entstand eine Pause – Peter war in der Gegenwart angekommen.

»Ja, Petra, das war's vorab von mir. Ich weiß ja schon etwas mehr über dich aus deinem langen Brief, aber du hast bestimmt noch viel mehr zu erzählen!«

Wie recht er hatte – es gab fast sechs Jahrzehnte nachzuholen. Nein, nicht am Telefon – das war mir sofort klar.

»Sag mir, Peter, wie wollen wir jetzt weiter vorgehen – was schlägst du vor?«

»Also ... hm ... kommst du vielleicht irgendwann mal wieder in die Staaten?«, fragte er.

Was war das für eine Frage? Ich hatte so gehofft, dass er mich sofort einladen würde, um mich persönlich kennen zu lernen. Ein Moment der Enttäuschung flackerte in mir auf, dann entschloss ich mich, keine Sekunde länger zu warten. Ich wusste plötzlich ganz genau, was ich wollte und es gab überhaupt keinen Aufschub.

»Irgendwann?«, wiederholte ich seine Frage, »nicht irgendwann, Peter ... ich komme sofort!«

Er lachte lauthals auf.

»Moment, meine liebe Petra, nicht so schnell. Ich bin derzeit in Wildwood, wo ich im Sommer in einem Restaurant aushelfe. Diese Arbeit mache ich, seit meine Frau vor acht Jahren gestorben ist. Eigentlich bin ich erst Mitte Oktober mit dieser Saisonarbeit fertig. Aber lass mich sehen, was ich arrangieren kann.«

Sommerjob – unglaublich – mein Vater war 77 und arbeitete noch? Ich freute mich – er hatte nicht nein gesagt oder irgendeine Ausrede erfunden.

»Weißt du was, ich rufe dich in ein paar Tagen an und sage dir Bescheid, ob ich meine Arbeit früher beenden kann. Ich möchte auch mit deinen Brüdern sprechen – sie sind noch ahnungslos. Aber ich bin sicher, sie werden sich freuen, dass sie eine Schwester haben, die in Europa lebt. Also, dann bis bald, es war schön mit dir zu sprechen und ich hoffe wir werden noch viel Zeit miteinander verbringen.«

»Bis bald, Peter – ich warte auf deinen Anruf. Auf Wiedersehen!«

Und das meinte ich auch im wahrsten Sinne des Wortes.

Nachdem ich aufgelegt hatte, blieb ich noch lange sitzen und versuchte meine Gedanken zu ordnen, ließ das Gespräch nochmals Revue passieren. Mein Kopf konnte die vielen neuen Informationen und auch Gefühle in dieser kurzen Zeit überhaupt nicht sortieren. Die nächsten Tage verbrachte ich damit mir vorzustellen, wie es wohl sein würde, wenn ich meinem Vater das erste Mal gegenüberstünde. Ich wusste ja nicht einmal, wie er jetzt aussah. In der Aufregung war ich gar nicht auf die Idee gekommen, ihn zu bitten, mir ein aktuelles Foto zu schicken.

3. Oktober 2003

In meiner Eingangspost fand ich eine Mail – Absender John Fontano und Peter Fontano. Meine Brüder schrieben mir.

Liebe Petra,

soeben hatten wir ein langes Telefongespräch mit unserem Vater. Es ist einfach toll! Wir haben eine Schwester bekommen! Willkommen in der Familie!

Es folgte ein langer Brief, in welchem mir die beiden über sich erzählten. Ich las die Mail mehrmals und freute mich riesig über diese tollen Kerle, die mich ohne Wenn und Aber von heute auf morgen in der Familie willkommen hießen. Ganz besonders freute ich mich über einige Fotos im Anhang. Ich betrachtete sie lange und intensiv. Das war also Peter – ›mein Vater – unser Vater.‹

Ein hochgewachsener Mann, etwa 1,85 m groß, schlank, weißes Haar nach hinten zurückgekämmt. Die Nase groß, markant italienisch, schmale Lippen, braune Augen und buschige Augenbrauen. Das Foto zeigte ihn mit einem offenen, herzlichen Lachen – genauso wie ich ihn mir immer vorgestellt hatte. Ich realisierte in diesem Moment, dass ich mein Spiegelbild sah.

Meine Brüder hätten nicht unterschiedlicher sein können. Peter war hundertprozentig Italiener. Die Figur untersetzt, etwas kleiner als unser Vater, pechschwarze Haare, ein rundes Gesicht mit verschmitzt strahlenden, braunen Augen. Meine Augen! John dagegen, fast ein Riese mit einer Körpergröße von etwa 1,95 m, dunkelblond, braun-grüne Augen, längliches Gesicht mit einer breiten Nase. Er war der Typ Mann, der sich ständig bücken musste, wenn er in einem Türrahmen stand. Neben Peter stand ein Junge, etwa 14 Jahre alt. Ich musste nicht lange raten, mein Bruder stellte ihn mir vor als Peter III – sein Sohn. Na, das konnte ja lustig werden. Hier war ich, Petra, die weibliche Version, und gleich dreimal Peter.

Ich freute mich jetzt schon auf meine neue Familie!

4. Oktober 2003

Am Abend erhielt ich einen Anruf von meinem Vater.

»Hallo meine schöne Tochter«, begann er das Gespräch. »Ich hoffe es geht dir gut. Wahrscheinlich sind dir auch sehr viele Dinge seit unserem ersten Telefonat durch den Kopf gegangen. Mir ergeht es jedenfalls so. Du kannst dir nicht vorstellen, wie die Nachricht über deine Existenz hier eingeschlagen hat. Mein Telefon läuft seit Tagen heiß. Alle möchten wissen, was die Geschichte auf sich hat und wann du kommst, damit sie dich kennenlernen können. Ich erzähle allerdings sehr wenig, denn ich möchte abwarten, bis du hier bist. Also ... hör mir zu – ich werde meine Arbeit in Wildwood morgen beenden, dann fahre ich nach Philadelphia zurück, um mein Haus für Damenbesuch herzurichten. Du darfst nicht vergessen, dass ich seit acht Jahren alleine lebe, und so ein Ein-Mann-Haushalt ist nicht eingestellt auf Damenbesuch.«

Ich musste lachen – es war mir egal, wie sein Haus aussah. Von mir aus könnte er unter einer Brücke wohnen – ich würde mich dazugesellen.

»Gut«, sagte ich, »ich werde mich über Flüge informieren und dir Bescheid geben!«

»Ich freue mich!«, beendete er das Gespräch.

Meine Reisepläne nahmen Form an. Es gab allerdings ein Problem – meine Mutter und Wilhelm. Vielleicht instinktiv, vielleicht absichtlich, hatte ich die beiden völlig aus meinen Plänen ausgeschlossen. Mein Stiefvater tat mir plötzlich leid. Er hatte sich all die Jahre bemüht, seiner Rolle gerecht zu werden. Er war mir oft ein guter Berater und Freund gewesen. Aber leider, so sehr er sich auch bemüht hatte, er konnte nie mein Herz erobern. Das gehörte von Anfang an jemand anderem. Irgendwie war es nicht fair und ich hegte so etwas wie Schuldgefühle.

Meiner Mutter gegenüber war ich eher emotionslos. Seit dem Tag, als sie mich als ›Bastard‹ bezeichnet hatte, war unsere Beziehung angespannt. Selbst wenn ihr damaliger Wutausbruch in ihrer Aufregung geschehen war, hatte ich ihr nie verzeihen können. Mein ganzes Leben hatte ich unter ihrer Zurückweisung gelitten, mit Minderwertigkeitsgefühlen und ihrer Ablehnung gekämpft. Meine erste Liebe, Lee, war ihr auch zum Opfer gefallen.

Mir kam plötzlich der Verdacht, dass sie vielleicht nicht immer die Wahrheit gesagt hatte. Wie konnte ich überhaupt beweisen, dass ich Peters Kind war? Allein nur auf die Aussage meiner Mutter hin? Sicher, wenn ich auf das Foto betrachtete, sah ich mich in ihm. Aber war das Beweis genug? Oder wollte ich diese Ähnlichkeit sehen, um mich in dem Glauben zu bestärken, dass er und kein anderer mein Vater war? Viele Fragen standen auf einmal im Raum. Kurzerhand entschloss ich mich, meine Reise in Nürnberg einen Tag zu unterbrechen, um mit meiner Mutter zu sprechen.

8. Oktober 2003

Ich flog von Thessaloniki nach Nürnberg, mit dem Ziel, am 9. Oktober in die USA weiter zu reisen. Meine Mutter und Wilhelm freuten sich über den unerwarteten Besuch. Spontan entschloss ich mich, nichts über Peter zu erzählen, sondern gab vor, eine Geschäftsreise nach New York zu machen. Das war für sie keine Überraschung, da mich meine Arbeit öfters in andere Länder führte.

Geschickt lenkte ich das Gespräch auf die alten Zeiten. Sofort begann meine Mutter zu erzählen. Im Zusammenhang mit meiner bevorstehenden Reise nach Amerika, kam natürlich der Name Peter ins Spiel. Witzigerweise sagte sie etwas zynisch: »Wenn du schon mal vor Ort bist, vielleicht findest du deinen Vater!« Es war schon fast tragisch komisch.

»Sag mal ...« ich überlegte, wie ich meine Frage formulieren könnte, denn ich erinnerte mich an frühere Andeutungen, die sie über Männerbekanntschaften gemacht hatte. Plötzlich schoss es mir sehr undiplomatisch aus dem Mund: »Damals ... du kanntest doch bestimmt noch andere Soldaten – wie kannst du eigentlich sicher sein, dass gerade Peter mein Vater ist?«

Für einen Moment dachte ich, sie wollte mich schlagen.

»Was fällt dir eigentlich ein, solche Fragen zu stellen. Du bist unverschämt!« schrie sie mich mit hochrotem Kopf an. »Ich habe dir schon hundertmal gesagt, dass Peter meine große Liebe war und dass ich ein Kind von ihm wollte. Dass er sich aus dem Staub gemacht hat ... da kann ich ja nichts für!«

Ach so, dachte ich ... ich war auch noch ein Wunschkind.

Das war eine neue Version, aber sie passte in das Bild.

9. Oktober 2003

Um 14:45 Uhr stieg ich in Frankfurt in die *Lufthansa*-Maschine, Flug LH 426 nach Philadelphia. Ich lehnte mich in den Sitz zurück, schloss die Augen, und ließ die vergangenen Jahre nochmals in meinem Gedächtnis vorbeiziehen.

So, jetzt geht es zum Endspurt, sagte ich zu mir selbst. In wenigen Stunden werde ich meinen Vater kennenlernen. In wenigen Stunden werde ich aus der Anonymität schlüpfen und komplett sein. Ich werde den ›Bastard‹ ablegen und ein Vollmitglied der Gesellschaft sein. Ich werde nie wieder in den Spiegel sehen müssen und fragen: ›Wer bin ich?‹

Neun Stunden später betrat ich amerikanischen Boden und schritt erhobenen Hauptes durch die letzte Tür ... in die Arme meines Vaters.

Ich war angekommen!

Ich danke meinen lieben Freunden,
die mir Mut machten, wenn ich zweifelte,
mich trösteten, wenn ich traurig war,
mich anspornten wenn, ich schwach wurde.

Ich danke meinem Mann Nick,
der geduldig meine Gefühlsausbrüche ertrug.

Ich danke meinen wertvollsten Begleitern, meinen Söhnen Michael und Maximilian –
durch sie fand ich die Motivation, in all den Jahren nach vorne zu blicken.

Ganz besonders danke ich Susan,
ohne deren professionelle Hilfe meine Vatersuche nicht so erfolgreich verlaufen wäre.

Petra Mitchell

BIOGRAPHISCHES

Petra Mitchell

Petra Mitchell, die Tochter einer Deutschen und eines amerikanisches Besatzungssoldaten wird 1947 im mittelfränkischen Städtchen Schwabach geboren – in einer Zeit als Kinder, die einer solchen Verbindung entspringen, als ›Bastarde‹ bezeichnet und von der Gesellschaft diskriminiert werden. Bereits in frühen Kindesjahren wächst in ihr der sehnlichste Wunsch, den leiblichen Vater eines Tages kennenzulernen. So ist es nur folgerichtig, dass sie, 18-jährig, das erste Mal in die Vereinigten Staaten zieht, um ihn zu suchen. Ihre erste große Liebe endet dramatisch und sie stürzt sich aus Trotz in eine Ehe mit einem anderen Mann. Mit ihm verbringt sie ein paar Jahre in Virginia, wo sie den amerikanischen Lebensstil kennenlernt. Auch nachdem sie mit ihrem Ehemann wieder nach Deutschland zurückkehrt, bleibt es ein Leben zwischen zwei Kulturen und Welten auf beiden Seiten des Atlantiks. Sie beginnt ihre eigene berufliche Karriere – zunächst als Sekretärin in einem deutsch-amerikanischen Unternehmen, bis sie Jahre später als Einkaufsleiterin einer großen Sportartikelfirma tätig wird. Nach der Trennung von ihrem Mann gründet sie im Jahr 1989 ihre eigene Firma als Beschaffungsagentur für Textilien. Ihr Tätigkeitsfeld beschert ihr, außer arbeitsreichen Tagen und Überstunden, auch eine rege Reisetätigkeit rund um den Globus. Auf einem Kreuzfahrtschiff in Kenia lernt sie schließlich ihren zweiten Mann, den Griechen Nick, kennen. Schnell wird ihr klar, dass beide zusammengehören. Sie heiraten nach der Geburt des gemeinsamen Sohnes 1994. Nach etlichen Jahren des beruflichen Hin- und Herpendelns, hat sie sich aus dem Geschäftsleben zurückgezogen und verbringt mehrere Monate im Jahr mit ihrem Mann in Griechenland, wo sie Zeit und Muße findet, ihrem Hobby, dem Schreiben, nachzugehen.

Aus der Verlagsreihe ZΩH/ZOE
erschienen beim Größenwahn Verlag Frankfurt am Main

Katerina Metallinou-Kiess
Daheim im Nirgendwo
Ein europäischer Lebensweg
ISBN: 978-3-942223-05-8
eISBN: 978-3-942223-57-7

Wenn ein Grieche seine Heimat mit ihrem strahlenden Licht, dem nach Thymian duftenden Wind und den wilden Bergen, umgeben von tiefblauem Meer verlässt, muss er einen triftigen Grund dafür haben.
Vom Leben einer Frau erzählt die Geschichte der Griechin Katrina, die sich wirklich ereignet hat. Sie hat nie ihr Ziel aus den Augen verloren und hat nach vielen Prüfungen erkannt, dass ihre wahren Ressourcen Bildung und Persönlichkeit sind. So hat sie, allen Umständen zum Trotz, das Beste aus ihrem Schicksal gemacht. Doch obwohl sie die Leiter des Erfolgs empor geklettert und als Künstlerin und pensionierte Staatsbedienstete wieder zurück gekehrt ist, bleibt ihr diese Sehnsucht: Nach der Heimat, wo immer sie sein mag, und nach den Jahren, die vergangen sind.

Katerina Metallinou-Kiess ist 1941 auf Korfu geboren, studierte Physik an der Aristoteleion Universität in Thessaloniki und an der TU Niedersachsen. Sie kam in den frühen sechziger Jahren nach Deutschland, wurde deutsche Beamtin und unterrichtete die Fächer Mathematik und Physik in der Orientierungsstufe und der Sekundarstufe I. Sie lebt in Bad Wörishofen und auf Korfu.

Stefano Polis

Milch in Papier

Kindheit und Jugendjahren zwischen zwei Kulturen

ISBN: 978-3-942223-08-9
eISBN: 978-3-942223-56-0

Mit welcher Ignoranz doch manche Erwachsene ausgestattet sind: *»Einem Kind muss man nicht viel erklären.« – »Darüber hinaus verstehen Kinder so etwas nicht.« – »Außerdem vergessen Kinder schnell.«*

Wenn Eltern zu »Gastarbeitern« wurden, ließen sie ihre Kinder oft in der Heimat zurück. Über die Folgen haben sie nicht nachgedacht, auch war ihre wirtschaftliche Situation häufig so desaströs, dass sie sich über alle möglichen Rücksichten hinweg für die Arbeitsmigration entschieden. Dass das Leid ihrer Kinder sich später einmal zurückmelden könnte, haben viele nicht erwartet.

Hier kommt nun ein solches Kind zu Wort, Jahre später: Als Erwachsener erinnert sich Stefano Polis an die harte und verwirrende Lebenssituation, ein zwischen den Ländern wanderndes Gastarbeiterkind zu sein. Er erzählt von den aufreibenden Gefühlen, die mit Trennung und Abschiedsschmerz einhergehen, und vom langen Weg der Integration in seine neue Heimat.

»Heute lebe ich in einem Land, das ich mein Zuhause nenne, und bin Part einer Kultur, die ich liebe. Ich esse von den Speisen, die mir zu Beginn fade und teilweise ungenießbar vorkamen. Ich spreche die Sprache eines Volkes, die mich am Anfang so oft zum Lachen gebracht hatte, und möchte nirgendwo anders leben als in diesem wundervollen Land.«

Stefano Polis, geboren 1965 in Kozani/Griechenland, ist eines von vielen sogenannten ›Kofferkindern‹ der Gastarbeiter in Deutschland. Er verbrachte seine Kindheit zwischen Griechenland und Deutschland und besuchte jeweils dort die Schule. Nach seinem Schulabschluss in Düren und der Ausbildung zum Friseur folgten 1987 die Meisterprüfung und die Eröffnung eines eigenen Friseursalons. Stefano Polis ist seit 1994 verheiratet, hat zwei Kinder und lebt in Jülich bei Düren.

Angela Schmidt-Bernhardt
Spätsommerhimmel in Sanssouci
Lebensabschnitte einer Vierteljüdin
ISBN: 978-3-942223-11-9
eISBN: 978-3-942223-47-8

»Dresden, 30. Januar 1933. Ich sehe es vor mir, wie Vati mich weckte und sagte, es sei etwas Ungewöhnliches geschehen. Wir sahen einen großen Fackelzug. Die Nazis feierten ihre Machtergreifung ...«
Kurz vor ihrem Tod erzählt die 85-jährige Puti von ihren Jugendjahren in Nazideutschland. Angela Schmidt-Bernhardt, Tochter und Autorin, kannte sie als eine Frau, die ein Leben lang ihre Identität verbarg und mit der Scham lebte, zu den Überlebenden zu gehören, die sich selbst nicht wichtig nahm, weil sie so viel anderes Leid gesehen hatte. Eine Frau, die nur ein einziges Mal wagte, über ihre »Abstammung« zu sprechen – auf einem Spaziergang durch den verdämmernden Park von Sanssouci. Damals, im Spätsommer 1943, als die große Liebe kam, mitten im Krieg, öffnete sie ihr Herz: der Vater Halbjude, sie Vierteljüdin. Danach, und in der Nachkriegszeit, folgten das große Schweigen – und das immer wiederkehrende Erschrecken über Neonazis mitten in Deutschland.
Angela Schmidt-Bernhardt notiert die Erzählungen ihrer Mutter, findet Briefe und Tagebucheintragungen aus jener Zeit und nähert sich dem Erleben und den Gefühlen einer in der gewaltsamen Atmosphäre Nazideutschlands verstummten Frau.

Angela Schmidt-Bernhardt, 1951 in Schleswig geboren, studierte Romanistik und Sozialwissenschaften in Bochum, schloss ihre Lehrerinnenausbildung in Frankfurt am Main mit dem Referendariat ab, unterrichtete am Hessenkolleg Französisch und Gemeinschaftskunde und arbeitet an der Philipps-Universität Marburg im Fachbereich Erziehungswissenschaften mit Lehramtsstudierenden. Als Autorin beschäftigt sie sich vorrangig mit den Verbindungen zwischen individuellen, persönlichen Schicksalen und zeitgeschichtlichen Entwicklungen.

Hidir Karademir / Monika Carbe
Im Zauberland Almanya
Wie Integration gelingen kann
ISBN: 978-3-942223-20-1
eISBN: 978-3-942223-40-9

Wie sieht erfolgreiche Integration aus?
Hidir Karademir liefert mit seiner Autobiographie eine Antwort, die aus dem wirklichen Leben und eigener Erfahrung schöpft, und wirbt damit für eine aktive Integrationspolitik, die Deutsche und Migranten einander näherbringen soll.
Das Deutschland der 1970er Jahre bedeutet zunächst eine fremde Welt und Kultur, aber einmal im »Zauberland Almanya« angekommen, ist er entschlossen, alle Chancen, die ihm dieses Land bietet, zu nutzen. Der Schlüssel dazu ist Bildung.
So schafft er es in seiner zweiten Heimat Deutschland nicht nur, eine erstaunliche berufliche Karriere hinzulegen, sondern auch eine politische Karriere zu starten, die ihn schließlich bis zu einer Kandidatur für das Europaparlament führt.

Hidir Karademir, 1954 in Uğurlu/Türkei geboren, kam als Gastarbeiter nach Deutschland, erwarb den Realschulabschluss und nach dem abgeschlossenen Studium als Dipl.-Sozialarbeiter bei der Fachhochschule Frankfurt, arbeitet er heute noch bei der Arbeiterwohlfahrt als Migrationserstberater in Dietzenbach. Seit 1972 ist er SPD Mitglied und seit 1996 Mitglied im Vorstand SPD Unterbezirk OF-Land. Er ist Mitglied im Europaausschuss im Bezirk Hessen-Süd und seit 1997 Mitglied sowohl des Stadtparlaments Rödermark als auch des Kreistags Offenbach.

Monika Carbe, 1945 in Meiningen geboren, studierte Germanistik, Indologie und Philosophie in Marburg an der Lahn Sie schreibt Lyrik, Prosa und Essays, Rezensionen und Kunstkritiken für Zeitungen und Zeitschriften und hat viele Werke aus dem Türkischen und Englischen übersetzt.

Monika Schmidt
Das verlockende Blau
Eine Deutsche in Griechenland
ISBN: 978-3-942223-21-8
eISBN: 978-3-942223-45-4

»Du hättest dir eine Horiatiki aussuchen sollen!«, warf ich ihm eines Tages an den Kopf. »Eine Horiatiki wie Antonis' Maria würde viel besser zu dir passen«, sagte ich wütend auf Griechisch und fing an zu weinen.
Zu meiner Verwunderung brach Achilleas in schallendes Gelächter aus und erklärte mir dann auf Deutsch: »›Horiatiki‹ ist der griechische Bauernsalat, doch ein Bauernmädchen ist eine ›Horiatissa‹.«
Ich lachte mit, als ich endlich verstand, dass ich ihm gesagt hatte, ein Bauernsalat würde viel besser zu ihm passen.
»Monikouli«, so nannte nur er mich, »mir war schon immer das Sauerkraut lieber als der Bauernsalat«, seine zärtliche Stimme verbreitete sich wie Balsam auf mein Herz, »denn sauer hat Geschmack«, fügte er hinzu und verjagte wieder einmal meine Zweifel.

1987 ging Monika Schmidt als Reiseleiterin auf die Insel Ägina. Doch sie sollte anschließend nicht nach Deutschland heimkehren, sondern in Griechenland ihr neues Zuhause finden. In ihrer Erzählung beschreibt sie die Konflikte, die entstehen können, wenn man sich in ein neues Land integriert. Eine Hommage an die Herausforderungen und die Schönheit des bikulturellen Zusammenlebens.

Monika Schmidt, 1963 in Forchheim/Oberfranken geboren, ging nach der Ausbildung zur Fremdsprachensekretärin 1987 als Reiseleiterin nach Griechenland und arbeitete über 20 Jahre bei der Vertretung einer deutschen Firma in Thessaloniki. Wegen eines sehr schweren Schlaganfalls im Jahr 2008 musste sie jedoch ihr anspruchsvolles Berufsleben und die geliebte Freizeitaktivität – Marathonlaufen – aufgeben und konzentrierte sich auf die Vervollständigung der vorliegenden Erzählung. Monika Schmidt hat zwei Kinder, wohnt in Thessaloniki und beschreibt aus erster Hand die Konflikte, die bei der Integrierung in eine fremde Gesellschaft entstehen können, selbst mit den besten Vorsätzen und völlig unvoreingenommen.

Fotini Tsalikoglou
Die Geheimnisse der Tochter
Roman
aus dem Griechischen von Gesa Singer
ISBN: 978-3-942223-66-9
eISBN: 978-3-942223-67-6

Sie war erst elf Jahre alt und verstand nicht, warum ihre Mutter so wenig sprach und nicht wie alle anderen Mütter war. Wenn der Arzt kam, wirkten alle ernst, schlossen die Tür, sprachen vorsichtig. Manchmal hörte sie laute Stimmen und Kristallglas zerspringen. Dann stellte jemand das Radio laut. Dunkel und kompliziert war alles in ihr und um sie herum. Ihr Kopf dröhnte. Da fing sie an zu schreiben, damit sie den Geheimnissen und dem Geflüster besser lauschen konnte, die mit jedem Tag immer weiter wuchsen und anschwollen, so wie ihr Körper, und zu ihren persönlichen Geheimnissen wurden. Durch die Tagebucheinträge, die im September 1959 beginnen, entwickelt sich eine sprachlich und psychologisch fesselnde Erzählung, geschrieben aus der Perspektive eines Mädchens. Die Tochter einer unter schweren Depressionen leidenden Mutter versucht, ihr Leben zu verstehen, das von der emotionalen Abwesenheit der Mutter geprägt ist. Ein Abschiedsbrief des Liebhabers regt die Fantasie des Kindes an, das in dieser verworrenen Situation Orientierung zu finden und bei dem Versuch ihrer Selbstwerdung immer wieder die Aufmerksamkeit ihrer Mutter zu erregen strebt.

Fotini Tsalikoglou ist eine der bekanntesten Psychologinnen Griechenlands und schreibt neben ihrer wissenschaftlichen Arbeit Romane und Erzählungen. Der psychologische Scharfsinn gibt ihr das Gespür zur eindringlichen Darstellung der Gefühlslage ihrer Protagonistin. Zugleich porträtiert der Roman die Sechzigerjahre in Griechenland; eine Zeit, die noch vom Bürgerkrieg und gesellschaftlichen Beschränkungen bestimmt war, die bis in die Mentalität der Menschen und ihre Konventionen hineinwirkten.

GRÖSSEN
WAHN
VERLAG
Lenaustraße 97
60318 Frankfurt
Tel.: +49 (0)69 48 00 29 92
Mobil: +49 (0)171 28 67 549
www.groessenwahn-verlag.de